中国经济文库
应用经济学精品系列

基于人口结构的储蓄率变动及其对经济增长的影响

韩 琼◎著

SAVINGS RATE BASED ON DEMOGRAPHIC STRUCTURE
AND THE INFLUENCE ON ECONOMIC GROWTH

中国经济出版社
CHINA ECONOMIC PUBLISHING HOUSE
·北京·

图书在版编目(CIP)数据

基于人口结构的储蓄率变动及其对经济增长的影响 / 韩琼著．--北京：中国经济出版社，2022.12
ISBN 978-7-5136-7080-7

Ⅰ．①基… Ⅱ．①韩… Ⅲ．①储蓄-研究-中国 Ⅳ．①F832.22

中国版本图书馆 CIP 数据核字(2022)第 163335 号

责任编辑　焦晓云
责任印制　马小宾
封面设计　任燕飞

出版发行　中国经济出版社
印 刷 者　河北宝昌佳彩印刷有限公司
经 销 者　各地新华书店
开　　本　710mm×1000mm　1/16
印　　张　12.5
字　　数　167 千字
版　　次　2022 年 12 月第 1 版
印　　次　2022 年 12 月第 1 次
定　　价　88.00 元
广告经营许可证　京西工商广字第 8179 号

中国经济出版社 **网址** www.economyph.com **社址** 北京市东城区安定门外大街 58 号 **邮编** 100011
本版图书如存在印装质量问题，请与本社销售中心联系调换(联系电话：010-57512564)

序　言

PREFACE

储蓄是投资的重要来源，能够顺利转化为投资的储蓄是经济增长的强劲动力。中国的高储蓄率、高投资率和高增长率被称为21世纪中国新的“三高”，尤其是中国超乎寻常的高储蓄率，一直是各国学者普遍关注的焦点。从20世纪80年代到20世纪末，中国的储蓄率一路攀升，为经济腾飞提供了充足的资金。学者们大多认为，中国的高储蓄率是中国特定的人口红利所致。随着人口结构的不断变化，人口红利逐渐消失，中国的储蓄率持续走低，经济增长也步入了新常态。随着中国经济进入转型期，劳动力人口数开始下降，人口结构也发生了改变，居民储蓄率随之变动，进而通过影响投资对经济增长产生影响。

储蓄与经济增长密切相关。按照储蓄的部门不同，国民储蓄被分为居民储蓄、政府储蓄和企业储蓄。在本书研究的样本期内，居民储蓄率与国民储蓄率保持了较一致的变动趋势，且居民储蓄在国民储蓄中的占比达50%以上。家庭是宏观经济运行中独立的微观经济单位，研究其储蓄率变动的影响因素，有利于较好地把握宏观经济政策运行情况，并能有效反馈相关政策的实施效果。国内外很多学者对该领域进行了研究，但由于研究视角、研究方法、选用数据及模型设定、变量选取等的不同，最终得出的结果也不尽相同。

本书探讨影响居民储蓄率的人口年龄结构和性别比例差异，进而分析家庭人口结构变动带来的消费结构变动对居民储蓄率的影响。根据相关经验和储蓄率的实际变化情况不难发现，居民储蓄率的变化还存在时期效应、地域差异等。已有文献对储蓄率的研究多选用国民储蓄率这一指标，且多使用宏观总量和时序数据进行实证研究，而本书基于微观家庭数据对居民储蓄率进行研究，更具现实意义。

本书内容分为两部分：第一部分探讨人口结构变动对居民储蓄率的影响，第二部分探讨储蓄率变动与经济增长的关系。

对第一部分的研究从家庭人口年龄结构和子女性别结构两个方面进行。考虑到我国典型的城乡二元经济结构，本书对城镇家庭和农村家庭分别进行讨论。基于微观家庭数据的实证结果表明，人口结构变化会导致城镇家庭和农村家庭储蓄率均随老人占比提高而上升，但农村家庭储蓄率上升的幅度远大于城镇家庭，这主要是由于我国城乡享受的居民医疗保障制度不同。城镇家庭和农村家庭 15 岁以下不同性别小孩占比均与家庭储蓄率呈显著正相关关系，但 15 岁以下男孩占比和女孩占比对储蓄率的影响具有显著的城乡差异。城镇家庭 15 岁以下男孩占比高的家庭储蓄率高于 15 岁以下女孩占比高的家庭，农村家庭 15 岁以下女孩占比高的家庭储蓄率高于 15 岁以下男孩占比高的家庭，且农村家庭 15 岁以下女孩占比与农村家庭 15 岁以下男孩占比对家庭储蓄率的影响差异明显大于城镇家庭。本书认为，家庭人口结构变化导致的家庭消费结构变动是引起家庭储蓄率变动的根本原因。通过将因变量分别更改为家庭最终消费支出中的居住支出、交通通信支出、娱乐教育文化支出和医疗保健支出，可以发现 65 岁及以上老人占比对家庭医疗保健支出的影响在城镇和农村均显著为正，表明老人较多的家庭需要为养老储备较高的医疗保健费用。无论是城镇家庭还是农村家庭，15 岁以下男孩占比和15岁以下女孩占比均与家庭的娱乐教育文化支出有显著正向关系，说明城镇家庭和农村家庭都不得不为应对子女教育进行较高的储蓄。本书对居民储蓄率的研究结论表明，加大医疗保障力度，解决居民的养老问题，尤其是解决农村居民的养老问题，增加公共教育支出，减轻家庭教育负担等政策可以有效缓解居民储蓄率过高的局面。

对第二部分的研究认为，家庭人口结构的变化会带来消费结构的改变，不同年龄和性别的家庭成员在消费上的差异会影响家庭的消费支出和储蓄，进而通过影响投资对宏观经济产生影响。本书采用基于省际面板数据的动态增长模型考察了储蓄率与经济增长的关系，得出储蓄率对经济增长具有促进作用的结论。但是，并非储蓄率越高，越有利于促进一国经济增长。实证结果中加入居民储蓄率平方项的系数显著为负，表明储蓄率与经济增长之间并非总是线性关系，二者可能存在倒“U”形关系，即一定水平的居民储蓄率对经济增长具有促进作用，但超过这一水平的居民储蓄率可能不利于经济增长。

本书由云南民族大学管理学院资助出版。在本书编写过程中，得到云南民族大学管理学院领导的关怀和指导，以及同学崔秀丽、陶敏阳、朱明亮、戚瀚英的支持和帮助，在此对他们表示衷心的感谢。中国经济出版社焦晓云编辑在本书出版过程中提出了很多中肯的建议，一并表示感谢。

由于时间、精力和水平有限，书中难免存在疏漏与不足，恳请读者朋友批评指正。

韩 琼

2022年10月

目录

CONTENTS

第1章

绪 论

1.1 研究背景和研究意义

1.1.1 研究背景

世界银行数据库资料显示，中国的储蓄率自改革开放以来一路攀升，到2008年达到了51.8%的历史高位，2009年和2010年出现小幅波动，2011年之后降至50%以下。尽管中国的储蓄率呈现下降趋势，到2020年降至44%，仍是全球最高。储蓄作为经济增长中重要的资金来源，在一个国家的经济增长中发挥着重要作用。中国的高储蓄之谜一直是世界各国经济工作者和学术研究者关注的焦点。以往的研究普遍认为，中国的高储蓄得益于人口规模的扩大和人口结构中占比较高的劳动力，而随着中国经济进入转型期，劳动力人口数开始下降，人口结构发生变化，这些曾被认为是增加储蓄的因素都出现下降之后储蓄率会如何变动，引起了各国学者和专家的广泛关注。

储蓄率上升是我国经济发展过程中的必然规律。回顾历史可以发现，几乎所有发展中国家都经历过高储蓄率阶段。受到文化的影响，亚洲国家国民储蓄率较高的现象更为普遍。较高的储蓄率会带来投资的增加，进而使厂商有较充足的资金用于扩大再生产，同时较高的储蓄率会通过增加资本存量最终带来消费和产出水平的提高。

储蓄率与经济增长之间并非总是正向关系，即普遍认为的高增长率对应高储蓄率未必总是成立。从对不同发展类型国家按收入类别进行分组的比较结果来看，中等收入国家的储蓄率并没有比高等收入国家的储蓄率低很多，而是很接近，但它们有一个共同点，即普遍高于低等收入国家的储蓄率。这表明一定水平的储蓄率对经济增长具有促进作用，而低于该水平的储蓄率对经济增长发挥的作用有限。通过与高等收入国家的储蓄率进行比较可以发现，这些国家的储蓄水平并不是最高的，除了日本在其经济起飞时期的储蓄率高于30%以外，其他主要发达国家的储蓄率水平基本保持在20%~30%，如英国、法国、美国等，德国的储蓄率相对较低，只有12%~16%。尽管这些国家的储蓄率水平不尽相同，但观察其更长时期的储蓄率变动情况可以明显发现：高储蓄率伴随经济高速增长之后会逐渐下降。由此可见，储蓄率与经济增长之间并非总是线性关系，可能存在一个储蓄率与经济增长有效区间的问题，即低于该区间的储蓄率不利于经济增长，而高于该区间的储蓄率也会遏制消费进而通过影响总需求制约经济增长，只有当储蓄率水平在这一区间时，才会对经济增长产生促进作用。

改革开放初期，我国人口经历了高出生率、高死亡率的阶段，21 世纪的最初几年，开始向低出生率、低死亡率和高老龄化转变。第六次全国人口普查数据显示，我国 65 岁及以上人口的比重已达到 8.87%。如果以老龄人口在总人口中比重超过 7%作为判定老龄化的标准，我国在 20 世纪 80 年代就已步入老龄化社会。我国的人口结构较之前发生了巨大变化，不同年龄结构和性别结构的个体在消费行为和储蓄行为上存在差异，而家庭是由一个个不同年龄和性别的个体构成，其在消费和储蓄等方面的差异会直接影响家庭储蓄率。本书从人口结构视角对家庭储蓄率的变动及其与经济增长的关系进行讨论。

1.1.2 研究意义

1.1.2.1 理论意义

Modigliani 等（1954）的生命周期理论是最早讨论消费理论和储蓄理

论的文献。该理论认为，理性的消费者会根据其一生的收入来安排消费，并且希望一生各个时期的消费能够平稳，自己一生的消费支出等于一生的收入之和。生命周期理论将一生分成几个时期，各个时期的消费和储蓄具有不同的特点。一生中消费的总体规律大体是，工作时期进行储蓄，为退休后消费储备资金，退休后有负的储蓄。之后的凯恩斯绝对收入理论认为，人们当期的消费取决于当期的收入水平。弗里德曼的永久收入理论认为，人们一生的消费取决于永久的收入，人们会根据永久收入来决定其一生的效用最大化水平。这些研究从理论层面给出了消费和收入的关系，进而帮助人们理解收入中消费剩余的部分——储蓄。

作为宏观经济中与经济增长有着密切关系的重要指标，储蓄率一直是国内外学者关注的焦点。家庭是宏观经济中独立的微观经济单位，研究家庭储蓄率变动的影响因素，有利于较好地把握宏观经济政策运行情况，同时能有效反馈相关政策的实施效果。尽管国内外很多学者对该领域进行研究，但由于研究视角、研究方法、选用数据及模型设定、变量选取等的不同，最终得出的结论不尽相同。人口结构视角下的储蓄率变动及其对经济增长的影响至今仍是学者们关注的热点问题。研究发达国家家庭储蓄率变动的理论模型是否适用于发展中国家的研究？在生命周期理论、绝对收入理论和永久收入理论之外，是否还有其他的理论更适合对家庭储蓄率进行探讨？有关老年人储蓄惯性的行为经济学和心理学理论是否可以用来分析家庭储蓄率变动的原因？家庭中子女数量、性别比例和家庭整体受教育水平等因素是如何影响储蓄率的？医疗保障制度和教育体制是如何对家庭储蓄率产生影响的？这些问题均有待深入研究。

人口结构视角下的家庭储蓄率变动与家庭中的储蓄和消费密切相关。高储蓄率是否对应高经济增长率，低储蓄率一定带来低的经济增长率吗？储蓄率与经济增长之间到底存在着怎样的关系？这些是本书重点研究的问题。

1.1.2.2 现实意义

改革开放以后，我国经济的发展创造了人类经济史上的奇迹。2013 年 11 月，国家统计局发布数据显示，1979—2012 年我国经济年均增速达 9.8%，同期世界经济平均增速只有 2.8%。2012—2019 年，我国经济增长率基本维持在 6%~7%的水平。2020 年受到新冠肺炎疫情的影响，我国经济增长率呈现断崖式下降。同时，我们也注意到，改革开放以来，我国国民储蓄总体上呈现出波动上升的趋势。2000 年之后，我国国民储蓄率进入快速上升期，直到 2011 年出现下滑。在国民储蓄率下降的过程中，居民储蓄率对国民储蓄率的贡献高达 69%，成为拉动国民储蓄率下降的主要力量。与此同时，这一时期的人口结构也发生了巨大变化，人口出生率逐年走低、劳动力人口数冲顶后回落、老龄化趋势加重等给家庭的消费决策带来重要影响，家庭中不同年龄和性别个体的消费和储蓄行为如何变化，成为越来越多学者关注的焦点。这些由人口结构变化导致的储蓄决策和行为的变化也是本书所关心的。

我国经济增长在改革开放后取得了举世瞩目的成绩。根据以往的研究我们知道，储蓄在经济发展中发挥着非常重要的作用，作为经济增长中投资的重要来源，它为经济增长提供了源源不断的资金支持。通过梳理已有研究和总结各国经济发展的经验，我们发现，经济增长时期一般伴随着较高的储蓄率，而与经济下滑期相对应的是储蓄率的下降。基于这样的事实，我们不禁要思考：高储蓄率一定会带来经济增长吗？低储蓄率必然导致经济下滑吗？

为了研究储蓄率与经济增长的关系，本书首先探讨储蓄率的影响因素。众所周知，储蓄率作为一个重要的宏观经济变量，受到多种因素的影响，如经济发展水平、居民收入水平、消费行为及消费习惯、人口结构等。已有文献大多考察居民收入水平、家庭人口抚养负担、预防性动机、消费习惯等对储蓄率的影响。随着经济的不断增长，人口老龄化成为我国社会发展面临的重大问题。家庭中不同个体在消费和储蓄行为上存在差异，这些差异会通过影响家庭储蓄率来影响国民储蓄，进而通过影响投资对经济增长产生影响。本书从人口结构视角研究家庭储蓄率的变动情况，进而将储蓄率作为一个传导因素，探究其变化与经济增长的关系。

世界主要国家 GDP 增长率与储蓄率之间保持了高度的相关性，见图 1-1。

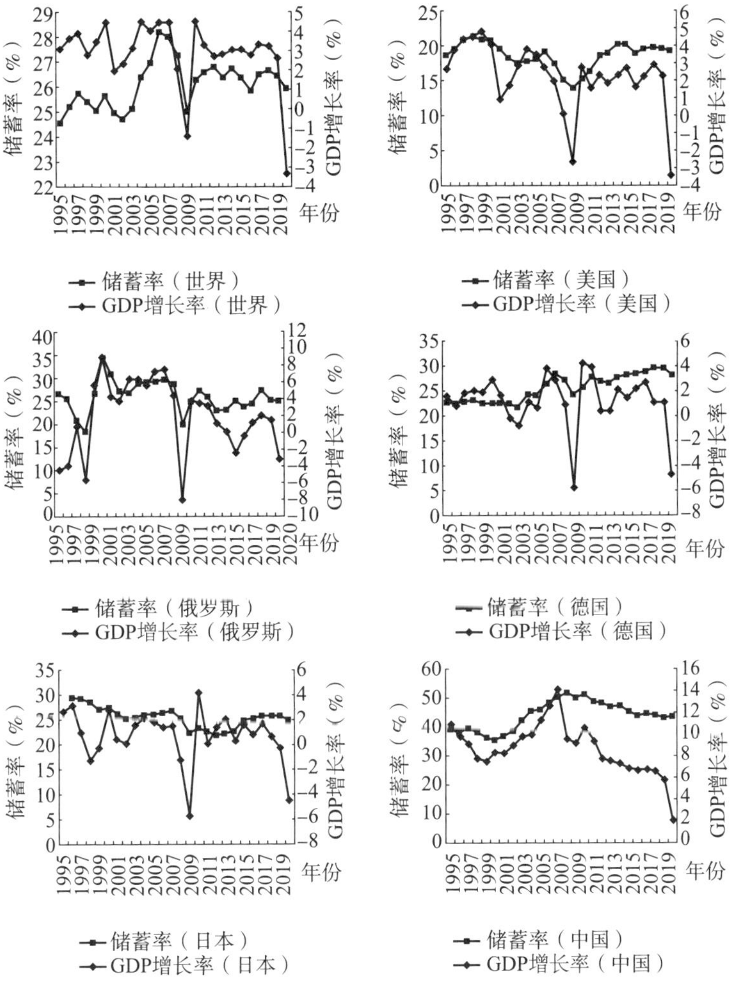

图 1-1　世界主要国家 GDP 增长率与储蓄率对比

资料来源：世界银行数据库。

1.2 文献综述

本书内容分为两部分：第一部分探讨人口结构变动对居民储蓄率的影响，从家庭内部因素和家庭外部因素两个方面进行分析；第二部分探讨储蓄率变动与经济增长的关系，从储蓄率对经济增长的影响和经济增长对储蓄率的影响两个方面来阐述。

1.2.1 关于储蓄率

对家庭储蓄率的探讨需要考虑家庭收入水平和消费支出的比例，进而得出消费节余部分——储蓄的变化情况。此外，家庭人口结构变化、家庭预防动机、家庭受教育水平、居民长久以来形成的消费习惯等，以及家庭外部的整体就业情况、社会保障制度和高房价等均会对居民家庭储蓄率产生重要影响。本书对已有文献进行了梳理。

1.2.1.1 家庭内部因素

（1）家庭收入水平

凯恩斯（Keynes，1936）认为，人们的消费会随收入水平的上升而上升，随收入水平的下降而下降，只是消费上升的幅度会随收入增加而减小，消费下降不会像收入下降那么快，这被称为凯恩斯绝对收入理论。该理论较清晰地说明了收入和消费的关系，被认为是研究消费和储蓄行为的理论基础。Friedman（1957）和 Modigliani（1960）认为，收入对储蓄的影响要从现期收入和永久收入两方面来讨论。如果预期永久收入增加，会导致较多的消费，但如果只是现期收入暂时增加，为了应对未来的不时之需，人们倾向于多储蓄。

Loayze 等（2000）在对世界储蓄率差异性进行研究时发现，人均收入对国际储蓄率有较强的解释作用，少儿和老年人抚养负担增加会使储蓄率下降，因此他们得出了储蓄率和人均收入正相关、和人口抚养负担负相关的结论。

秦朵（1990）考察了居民最终消费和收入之间的长期和短期关系，发现1950—1980年，居民消费和总收入之间有较稳定的比例关系，居民的消费会受到本期及上期收入的影响，同时与物价和购买力有关，并且影响效应相对稳定。这类研究大多认为储蓄率和收入之间具有相对稳定的正向关系，储蓄率会随着收入水平的提高而提高。王德文等（2004）认为，人均收入水平及其增长率是储蓄率的重要影响因素。Chamon等（2011）认为，收入不确定和对住房的购买动机会促使我国居民储蓄率快速上升。万广华等（2001）使用1961—1998年时间序列数据进行的实证研究表明，储蓄率随着人们收入不确定性的增加而提高。但也有研究得出与之不同的结论。厉以宁（1992）认为，持久收入假说不能完全解释我国1988—1989年的居民储蓄变动，由于居民的购买欲被长期压制，加上通胀预期，1988—1989年上半年出现了抢购高峰，消费倾向迅速增加导致储蓄率下降。到了1989年末，人们的消费倾向开始恢复，总收入中用于消费支出的部分减少，用于储蓄的部分增加。

之后的研究分现期收入和预期收入来讨论其对储蓄率的影响。

贺菊煌（1998）研究后指出，随着改革开放的深入，居民的消费支出逐渐呈现出超前性的特征，并假定人们对未来的收入预期取决于当期收入水平。他发现，工资增长率对储蓄率有显著的正效应，这进一步表明，在预期收入不变的情况下，储蓄率会随着收入的增加而提高。杨天宇（2015）考察了收入对储蓄率的影响，通过实证发现持久收入增加将导致居民储蓄率提高，而非现期收入。他认为，在我国，低收入者的储蓄率远高于中等收入者，政府可以通过增加转移支付和加大社会保障支出等方式促使人们增加消费，从而达到刺激经济的目的。另一个考虑了未来收入不确定性和个人储蓄决策行为的理论是储蓄的缓冲储备理论（Carroll,

1997）。该理论认为，个人有一个基于自身收入情况的财富标准，会根据其收入变化情况与预期财富标准来进行储蓄还是负储蓄（消费）的决策。

臧旭恒等（2005）和谢勇（2010）基于现期收入的研究得出了高收入带来高储蓄的结论。朱国林等（2002）的研究证实，收入水平与储蓄率之间并非简单的线性关系。他们发现，出于预防的考虑，低收入者的储蓄倾向更高，中等收入者的储蓄意识和遗赠动机都不强，消费相对较高，而高收入者具有较强的遗赠动机，因此储蓄率较高，从而得出了收入水平和储蓄率之间存在“U”形关系的结论。杨汝岱等（2009）得出了与朱国林等相似的结论，认为居民收入水平和边际消费倾向之间存在倒“U”形关系。

上述结论都是以现期收入水平为基础进行的研究，与 Friedman（1957）和 Modigliani（1960）的理论相悖。值得一提的是，Dynan、Skinner 和 Zeldes（2000）研究发现，储蓄率不仅和持久收入之间存在正相关关系，与现期收入之间也保持了显著的正相关关系，该研究的结论对持久收入生命周期理论提出了质疑。

（2）家庭人口结构

在众多宏观经济理论研究中，人口因素无疑是影响储蓄的一个非常重要的因素。很多学者从人口规模或人口年龄结构方面进行了探讨。我们都知道，人口年龄结构会对储蓄产生影响，如少儿阶段消费水平高，中年阶段储蓄能力强，而到了老年阶段，收入会比中年阶段少，随着医疗、养老等消费支出的增加，储蓄水平会有所下降。以往的研究更多关注总抚养比对储蓄率的影响，如 Peterson（1999）认为老龄人口增加会带来医疗成本上升、养老费用增加、劳动力短缺等问题，尤其会带来储蓄率的下降，随着更多的老年人消耗他们的储蓄，更少的年轻人储蓄，投资会随着储蓄率的降低而减少。Modigliani 等（2004）采用时间序列法分析我国 1953—2000 年的储蓄率，得出了总抚养比和家庭储蓄率之间明显正相关的结论，认为造成我国高储蓄率的原因是我国抚养负担的变化。

Wilson（2000）采用协整回归对加拿大和澳大利亚两国的储蓄数据进行检验，证实人口年龄结构和储蓄率之间不存在显著的关系。Leff（1969，1971）采用截面数据对74个国家的情况进行分析，发现无论是欠发达国家还是发达国家，抚养比和储蓄率之间都存在明显的负相关关系。

Gupta（1971）在Leff的基础上，尝试对欠发达国家收入水平进行分类别的实证检验，结果显示，只有在收入水平为250~625美元/(人·年)的组别中，人口抚养比和储蓄率的负向关系才显著，因而对Leff的研究提出了质疑，认为其笼统地按发达和欠发达对不同国家进行区别研究的结果是不可靠的。之后，Kelley等（1996）通过更改变量设定和选用更广范围的样本，基于Leff的框架，分析了20世纪60年代、70年代、80年代三组截面数据，结果显示，只有80年代的数据得出了与生命周期理论一致的结论，即人口抚养负担和储蓄率之间存在显著负相关关系，其他两组数据并未得出人口年龄结构和储蓄率之间存在显著关系的结论，这表明两者之间的关系可能存在时间上的异质性。Ram（1982）通过对121个国家1972—1977年的收入水平进行分组估计得出了与Leff不同的结论，即只有在发达国家抚养比才会对储蓄率有明显的负效应，而在欠发达国家，抚养比和储蓄率之间没有明显的负向关系。

Bloom（2002）通过实证分析发现，人口增长对经济增长具有纯粹的过渡性效应，只有当人口抚养比和劳动力人口比例增长速度不同时，人口增长对经济增长才有效果。其研究结果表明，整个东亚经济高速增长的奇迹是由于人口转变，该因素的贡献为1/4~1/3。Li H. B.（2007）和Zhang等（2007）以新古典增长模型和内生增长模型为代表来研究预期寿命和老年抚养比在影响储蓄率和经济增长方面的相关而独立的作用，结果显示，预期寿命增加对经济增长有正向作用，而老年抚养比对储蓄和投资的作用是负向的。他们的研究表明，各国不同时期人口统计变量的差异性能够较好地解释总储蓄率的波动。

由于宏观总量数据不能有效区分不同类别人群的消费行为，为了了解不同年龄结构人群的具体消费情况，很多学者采用微观家庭数据进行研究。Demery 等（2006）采用微观家庭数据对人口年龄结构和储蓄率的关系进行探讨，通过矫正样本偏误及在收入中调整养老金的方法，得出的结论与生命周期理论较接近。Horioka（2006）分析了日本的微观数据，发现退休老年人的负储蓄随时间不断增强，进一步证实了生命周期理论。Horioka（2010）的研究再次证实了这一结论。Haque 等（1999）采用对面板数据进行混合均群的方法发现人口年龄结构对消费并不产生显著影响，进而得出人口年龄结构与储蓄率之间并不必然存在关系的结论。

收入增长与人口结构特征被认为是影响储蓄率的两个重要因素。根据以往的研究，人均收入等理论对储蓄率的解释力有限，1978 年实行计划生育政策以后少儿抚养比锐减是对我国高储蓄率有力的解释。国内对人口年龄结构和储蓄率的实证研究相对较少。王宇鹏（2011）通过实证研究分析了 2001—2008 年我国城镇居民的消费行为，认为人口老龄化对城镇居民消费行为有较大影响，居民平均消费倾向会随老年抚养比的上升而增加。徐升艳（2011）通过研究发现，少儿和老年抚养比都对储蓄有负效应，老年抚养比对储蓄的负效应更显著。王德文等（2004）认为，在人口结构变动较快的情况下，如果从公共投资的视角分析，会发现财政支出中非生产性支出（如养老、医疗和老人护理等）的比例逐渐提高，生产性投资的比例逐渐降低，随着老年人在总人口中占比的提高，私人储蓄会下降。

胡翠等（2014）基于 1988—2007 年的 CHIP（中国家庭收入调查）数据，采用混合截面和虚拟面板的方法分析了人口结构变化对城镇和农村家庭储蓄率的影响。他们通过实证分析指出，随着总人口中老年人口比重的增加，农村家庭储蓄率会下降，而城镇家庭储蓄率会随着老龄人口的增加呈上升趋势，并认为是城乡二元养老制度导致了这一结果。倪红福等（2014）采用实证分析的方法探讨了家庭人口结构和家庭消费结构与储蓄率的关系，认为家庭人口结构变量会对消费和储蓄率产生一定影响。城乡家庭户主年龄和家庭储蓄率之间呈“U”形关系，即在家庭储蓄倾向不变的前提下，未来10年内家庭储蓄率会随着老龄化程度的加深而提高，但在20~30年之后，家庭储蓄率会随着老龄化的进一步加剧而降低。

很多学者从总抚养负担的角度进行考察，忽略了人口年龄结构中少儿人口和老年人口的差异，如他们在消费习惯、行为特征、需求等方面的不同都会对研究结果产生一定的影响。随着研究的不断深入，有学者开始考虑人口年龄结构的不同对储蓄率的影响。

Higgins（1998）较早尝试对老年人口和年轻人口的储蓄行为分别进行讨论。Kraay（2000）采用跨国的截面数据进行分析，指出老年抚养比和少儿抚养比对储蓄率的影响不尽相同，和老年抚养比对储蓄率有较强的负向影响不同的是，少儿抚养比和储蓄率之间的关系并不显著。有关学者对发达国家进行的实证研究表明，同等收入水平下，和年轻人相比，老年人的消费支出更少，储蓄率更高。

中国人民银行课题组（1999）对1978—1997年的时间序列数据进行分析后指出，人口抚养比和储蓄率之间具有负相关关系。王德文等（2004）采用Leff的模型进行实证研究，通过回归发现少儿抚养比、老年抚养比对储蓄率的影响都比较显著，且系数均为负。

另一些学者得出了与之不同的结论，即人口年龄结构和储蓄率之间存在正效应。袁志刚等（2000）的研究得出老龄化会促使居民增加储蓄的结论。他们还发现，在自然生育率下，中青年人口在总人口中占多数，而在计划生育政策下，老年人口在总人口中占比较高，老年人口的增加带来了储蓄率的上升。唐东波（2007）运用实证的VAR（Value at Risk，在险价值）模型研究人口结构变化和储蓄率的关系，得出了与袁志刚等（2000）一样的结论，且认为人口年龄结构无论是短期还是长期都会促使储蓄率提高。

与早期使用时间序列数据进行研究不同的是，近年来的研究多采用面板数据进行实证分析。例如，汪伟（2009）采用省际面板数据讨论了人口年龄结构和储蓄率的关系。学者们通过控制影响国民储蓄率的潜在因素，运用多种估计方法进行实证研究后得出结论，改革开放后市场经济的快速增长、计划生育政策导致的少儿抚养比下降和与之相对应的老年人口增加是我国储蓄率增加的重要原因，且随着经济增长率的上升，少儿抚养比下降带来的储蓄率上升趋势增强，老年抚养比提高对储蓄率上升的解释能力减弱。

本书认为，人口年龄结构中劳动力比重高，少儿和老年人的抚养负担轻，会导致家庭中更多的产出剩余转化为储蓄，这也是造成我国家庭高储蓄率的根本原因。人口结构变化对储蓄率的影响较大，少儿抚养比下降会带来劳动年龄人口的负担减轻，国民收入中消费支出下降，进而带来储蓄的增加。然而，随着人口结构中老年人口比重的增长，少儿抚养比下降对高储蓄率的贡献率也开始下降。

基于人口年龄结构的研究，大多认为随着抚养负担加重，老龄化会导致第一次人口红利的丧失，而以生命周期理论为出发点的研究却认为老龄人口增加会降低储蓄率，进而对经济产生不利影响。与此结论相反的是，一些学者认为，随着人口老龄化的加剧，增加的预防性储蓄会带来储蓄率的提高，为经济发展带来第二次人口红利。已有研究大多得出储蓄率随着老年抚养比的上升而下降的结论，也有根据实证研究得出随着老年抚养比的上升储蓄率提高的情况，因而对于老年抚养比和储蓄率之间的关系，目前尚无定论。

人口结构与家庭储蓄率的研究中一个较新的视角是人口的性别比例会影响家庭储蓄率，这方面的研究较少。Wei 等（2011）认为，随着我国性别比例上升，为了在婚姻市场上获得更有利的地位，家庭的竞争性储蓄会导致储蓄率的上升，具体表现为养男孩的家庭为了应对“找对象”的严峻形势倾向于多储蓄，而养女孩的家庭则会有搭男方便车少储蓄和增加储蓄以便在婚后生活中获得更多话语权两种行为，这两种行为可能使储蓄的效果互相抵消。此外，Du 等（2013）分析了婚姻市场中男女性别比例变化对储蓄率的影响，打破了以往从人口规模和人口年龄结构两方面对储蓄率进行研究的习惯做法，为我们从性别角度探讨人口因素和储蓄率之间的关系提供了新方向。

（3）家庭预防动机

最早开始考察个体由于寿命延长而进行预防性储蓄的学者是 Yaari（1965）。贺菊煌（2003）等进一步研究后指出，为了保障更长时期的老年生活质量，理性个体会倾向于多储蓄。Sheshinski（2006）的研究发现，预防性动机会给储蓄带来正效应。此后，Bloom 等（2003）、Zhang 等（2007）的研究也通过数据证实了这一点。老年人增加储蓄是出于谨慎性的考虑，为了应对未来的不确定性风险，如照料和意外冲击的影响带来的不确定性支出增加等。对此，Nardi 等（2009）的研究给出了老年时期医疗费用支出增加却未能使老人的储蓄快速下降的原因。Chamon 等（2008）的研究结果表明，意外医疗保健支出增加是对我国 1995—2005 年老年人储蓄率快速上升很好的解释。

杨天宇（2015）利用中国家庭追踪调查（China Family Panel Studies，CFPS）2010—2014 年的面板数据对老年人口与家庭储蓄率之间的净效应进行了探讨，认为老年人口增加带来的预防储蓄动机效应大于生命周期的消费支出效应，从而使老年人口比例和家庭储蓄率之间保持了较高的正相关性。为了检验老龄化在不同区域、阶层之间的差异，他们对数据进行了分类研究，结果表明，老年人口增加会使农村家庭的预防性储蓄高于城镇，低收入家庭的预防性储蓄高于中高收入家庭，这进一步表明，相对于城市较完善的社会保障体系，农村老人需要更多的储蓄来养老，低收入家庭的健康和意外医疗保健支出能力比中高收入家庭弱，需要更多的储蓄来应对，进而证实了老龄化较为严重的家庭有较强的预防性储蓄动机这一结论。

杨汝岱等（2009）采用实证检验的方法，得出2000年以后我国高储蓄率产生的原因是居民的预防性储蓄动机的结论。通过对这一时期我国经济体制改革的探讨，他们发现，引起城乡居民储蓄行为的共同因素是教育改革，并通过实证得出实行教育改革以后城乡居民的娱乐教育文化支出比例分别为15%和12%。

（4）家庭受教育水平

考察家庭受教育水平和储蓄率关系的文献相对较少。最早对二者关系进行探讨的是Revoredo等（1995）。他们利用生命周期模型考察了74个国家居民受教育水平与储蓄率的关系，发现受教育水平在不同阶段对储蓄率的影响不同，不同经济性质的国家之间也存在较大差异，如在工业国家和非工业国家，受教育水平会对家庭储蓄率产生不同的影响。W. W. McMahon（2000）在研究受教育水平和消费的关系时发现，那些受教育水平较高的消费者会不断变化他们的消费模式，他们表现出来的消费能力要高于他们实际的收入水平，这表明受教育水平越高，消费在收入中的比重越高，储蓄相对越少。Attanasio等（2011）采用微观家庭数据分析了墨西哥的家庭储蓄率，结果表明，户主受教育程度高的家庭，储蓄率水平和生命周期理论之间存在倒“U”形的关系。

国内的研究相对更少。张学敏等（2006）通过研究受教育水平与居民消费之间的关系，发现居民消费结构等级受居民教育程度影响较大，进而会给居民的储蓄带来影响。陈贵富（2015）采用系统GMM（Generalized Method of Moment，广义矩估计）方法分析了劳动力受教育水平和家庭储蓄率之间的关系，发现劳动力平均受教育年限每增加一年，家庭储蓄率会提高3个百分点，但不同的劳动力受教育程度分组构成对储蓄率的影响不同，高中毕业的劳动力和大专及以上劳动力对储蓄率的影响大于初中毕业及以下劳动力。周弘（2011）使用城镇住户调查数据研究家庭人力资本对储蓄率的影响，发现具有较高人力资本水平家庭的边际消费倾向较高，用于储蓄的部分相对较少。李伟（2015）采用系统 GMM 方法研究教育对农村居民消费的影响，通过分析我国农村 2000 年以后 13 年的省际面板数据，得出农村居民受教育年限每增加 1%，人均消费支出增加 0.17%的结论。这说明无论是在城镇还是农村，居民的受教育水平都会不同程度地影响其消费水平，进而对居民储蓄产生影响。

（5）家庭消费习惯

最早将习惯纳入消费理论进行研究的是 Duesenberry（1992），他认为消费者一旦形成某种消费习惯就很难改变，这被称为“棘轮效应”。20 世纪 80 年代，关于习惯对消费的影响引起了很多学者的兴趣。Carroll 等（2005）从理论层面分析了习惯对消费和储蓄的影响。Ferson 等（1991）的研究发现，无论是季度、月度还是年度的消费行为，在美国居民中都表现出较强的习惯性。Naik 等（1996）考虑个体差异进行研究后发现，美国居民的消费行为也会受到习惯的影响。Heaton（1993）的研究却得出了不同的结论：美国居民在非耐用品上的消费行为不存在月度和季度的习惯性倾向，但基于未调节非耐用品消费与服务数据进行的研究显示，居民的消费行为受习惯的影响较小。Campbell 等（1989）认为，由于消费习惯的影响，持久收入变动对消费的影响较小，进而使消费表现出相对平稳的特征。此外，Eichenbaum 等（1988）对总量消费进行研究得出的结论并未显示出美国居民消费行为存在习惯性。可见，国外学者对习惯与居民消费行为的关系及其实证研究并未得出一致的结论。我国居民一直以来秉承勤俭节约的美德，因而国内对消费行为和习惯的研究较少。艾春荣等（2008）认为，节约的消费习惯可以解释我国居民的高储蓄率。

1.2.1.2 家庭外部因素

（1）就业景气程度

就业景气指数是反映就业景气程度的重要指标，也是反映劳动力市场总体就业情况的综合指标。找出影响就业景气指数的因素对于指数编制具有非常重要的意义，也有利于从宏观视角分析家庭储蓄率的影响因素。许多学者对此进行了研究。根据编制方法的不同，就业景气指数主要分为五大类，本书主要关注宏观层面的全国就业景气指数的变动与储蓄率的关系。

杨宜勇（2001）主要考察了劳动参与率、就业现状、失业率、教育等因素对就业的影响，通过与国际劳动力市场进行比较，从侧面对影响就业的主要因素进行了总结。童光荣等（2003）通过研究发现，GDP 指数、城市指数和社会保障指数等都会影响大学生就业指数。陈安平等（2004）的研究结果表明，稳定就业与经济增长之间保持着长期的稳定关系。陈桢（2008）通过分析 GDP 的增长率与就业增长率的关系，得出就业总量增加取决于经济增长的结论；但由于存在就业弹性，GDP 增长率与就业增长率之间未必表现出一致性的变化。张应碧等（2010）的研究发现，尽管贸易顺差在促进就业方面的效果明显，但仍不如消费对就业的促进作用大，因此适度的通胀水平对增加就业是有利的，而投资对增加就业的效果具有一定的延时性。

有些学者的研究主要考虑宏观经济因素对就业景气程度的影响。也有学者从更广阔的视角对就业景气程度进行了考察。除了前面研究中已经关注到的宏观经济因素外，有些学者在研究中还增加了技术、物价水平等因素。李田等（2010）基于凯恩斯经济理论构建的计量模型得出以下结论：城镇就业人数和总人口数、居民消费价格指数（Consumer Price Index，CPI）、生产者价格指数（Producer Price Index，PPI）及零售物价指数（Retail Price Index，RPI）之间存在一阶线性关系，城镇就业人数与贸易总额、广义货币供应量和社会消费品总额之间存在对数关系。

罗孝玲等（2011）经格兰杰因果检验后发现，利率水平、固定资产投资率、居民消费价格指数、居民可支配收入及贸易差额等因素会影响就业。他们把影响就业的因素分为宏观因子和技术因子，并指出对城镇就业水平影响较大的宏观因子主要包括消费水平、产业结构变化和城镇化进程等。陈彬（2017）的研究使用了制造业和非制造业采购经理指数（PMI）、失业保险领取人数及居民收入变化等指标，发现就业人数并未随着PMI的回升而增加。关注宏观层面就业景气程度，有利于从劳动就业角度考察家庭储蓄率受宏观因素的影响。

（2）社会保障制度

发达国家的社会保障制度较为完善。养老金制度是发达国家社会保障制度的重要组成部分，实行时间较长，因此对养老金与储蓄率的研究也起步较早。Feldstein（1974）通过研究发现，养老金制度对储蓄率有两种不同的作用机制：一是养老金制度会对居民的储蓄产生替代作用，即有了一定的养老金作为保证，居民可以减少用于老年时期消费的储蓄；二是养老金制度的完善会诱使提前退休行为发生，导致居民工作期缩短，进而带来储蓄水平的下降。最终储蓄率的变动情况要视这两种效应的强弱而定。

Feldstein等（2002）认为，养老金和储蓄率的关系较为复杂，在缺乏信贷约束和存在不确定性的情况下，养老金和储蓄之间会出现替代效应。

与发达国家相比，国内养老保险制度起步较晚，这方面的研究相对较少。由于我国目前的养老金制度是现收现付制和基金累计制共存的状态，因此本书主要关注这两个方面的研究。彭浩然等（2007）利用宏观数据对我国31个省份的情况进行了实证研究，发现养老保险的现收现付制会导致储蓄率下降。

黄莹（2008）基于戴蒙德模型分别对现收现付制和基金累计制与储蓄率的关系进行了分析，结果发现，基金累计制对储蓄率没有显著影响，而现收现付制对储蓄率的影响和彭浩然等（2007）得出的结论一致。胡颖等（2012）通过一个将现收现付制和基金累计制相结合的OLG模型对社会保险和储蓄率进行的探讨表明，社会保险会挤出部分居民储蓄，但是其影响程度较小。与此相反的是，张士斌（2009）的实证研究表明，居民储蓄受传统习惯的影响最大，社会保障对储蓄的影响并不显著。李雪增等（2011）使用两步系统 GMM 面板数据得出与张士斌（2009）基本一致的结论，即养老保险对储蓄率的影响不显著。张翠珍（2012）在人口预测的基础上，使用分省时间序列数据对未来养老金给付的现值进行估算，得出社会养老保险会抑制居民储蓄的结论。

Li 等（2012）通过研究发现，社会保障制度不完善是导致我国居民储蓄率较高的主要原因，在主要依靠家庭养老的背景下，老年人要通过提高储蓄率的方式来防范风险，他们为应对养老增加的储蓄成为提高投资率的资金来源。

（3）房价波动

我国在 1999 年房地产市场改革之后，实行了宽松的货币政策，致使房价从 2000 年开始一路飙升，许多学者也开始把研究的目光转向我国的高房价对储蓄率的影响。例如，Chamon 等（2011）发现，改革后住房、教育等支出的增加是促使居民增加储蓄的主要原因。陈彦斌等（2011）研究后指出，我国的高储蓄行为是年轻家庭为了应对高房价的无奈之举。

骆祖春等（2014）构建了一个两期世代交叠模型来研究房价与储蓄率的关系，结果表明，房价和储蓄率之间存在明显的负向关系。他们还利用 1999—2011 年 31 个省份的面板数据进行实证检验，证实了房价对储蓄率的负向影响，进一步的研究还发现，老龄化可以促使储蓄率提高。

陈崇等（2011）基于省际面板数据的实证分析发现，无论是全国层面还是中西部地区，房价和储蓄率之间都存在显著的正向效应，但东部地区房价和储蓄率之间的关系并不显著。陈斌开等（2013）采用家庭微观数据考察住房和储蓄率的关系，发现高房价不但促使年轻人为了“居者有其屋”而被迫储蓄，而且促使老人为了帮助子女买房而进行储蓄。

1.2.2 储蓄率与经济增长

1.2.2.1 储蓄率影响经济增长的文献

储蓄率、投资率和经济增长率是宏观经济运行中三个重要的经济指标，对整个宏观经济的运行起着非常重要的作用，也受到了学界的广泛关注。对储蓄率、投资率和经济增长率的研究由来已久，这三者之间存在正向关系已得到经济学家们的证实。那些初始人均资本存量较低的不发达国家通过提高储蓄率和投资率的方式逐渐具有比资本存量高的发达国家更高的经济增长率，随着时间的推移，经济落后国家缩小了与经济发达国家之间的差距，这是新古典增长理论较为认可的观点。Jappelli（1994）较早研究了不同的储蓄行为对经济增长的影响，之后的研究也陆续证实了二者之间的相关性。Krieckhaus 等（1994）使用普通最小二乘法进行的横截面数据估计得出了高储蓄率带来高增长率的结论。Krieckhaus（2002）对 32 个国家进行的研究证实了高储蓄率带来的高投资率会促使经济高速增长。储蓄率对经济增长的促进作用具体表现为较高的储蓄率通过增加可信贷资金总量使总投资额增加，较高的投资又会促使经济快速发展。

王帮俊等（2004）对 1953 年以来我国国内生产总值与居民储蓄率的协整关系进行了检验，结果证实储蓄率与经济增长之间存在协整关系。殷剑峰（2012）认为，人口红利的另一个方面，高储蓄以及基于此的高投资没有得到足够的重视，我国劳动力丰富，然而资本紧缺，需要通过资本广化和深化来改善人口红利消失后经济增长的现状。李大悦（2017）认为，经济增长和国民储蓄率之间存在长期稳定的均衡关系，国民储蓄率的上升在短期会带来收入减少；劳动参与率与劳动年龄之间存在的反向关系会恶化劳动供给，导致短期消费需求下降，而从长期来看，储蓄率会对经济增长产生正向影响。齐红倩等（2018）围绕劳动力供给、人力资本等影响经济增长的核心要素进行了理论分析，同时采用 PSTR 模型对经济增长进行了实证分析，基于时间序列数据的研究发现，储蓄率和经济增长之间有动态的正效应，该效应随时间的推移呈现出先降后升的趋势，而基于横截面数据的分析则得出储蓄率和经济增长之间关系具有显著地区差异的结论。

Fougere 等（1999）通过对 OECD 国家的实证研究表明，物质资本收益下降会促使家庭提升人力资本投资，人口结构变化会改变家庭人力资本的投入，从而促进经济增长。Barro 等（1995）、Doppelhofer 等（2004）的实证研究同样证实了预期寿命增加对人力资本投资与经济增长有积极的影响。Lorentzen 等（2008）主要分析了预期寿命可能影响经济增长的渠道，得出成人死亡率降低会增加投资、促进人力资本积累，对经济增长有利的结论。邱晓华等（2006）、孙琳琳等（2005）认为，2000 年之后我国经济快速增长的主要原因在于生产要素投入的增加，而我国的高储蓄率带来的资本积累是推动经济增长的重要力量。

也有学者得出了不同的结论。Pecchenino 等（2002）认为，随着家庭中老年人口的增加，家庭会减少对下一代的教育投入。另外，预期寿命增加意味着更长的退休后生活，理性个体会更多预留储蓄作为其老年期的消费，并减少对子女的人力资本投入，这些都对经济增长不利。Bosworth B. 等（2007）使用 1960—2005 年 85 个国家的跨国数据分析家庭人口结构与储蓄率及投资之间的宏观联系，发现老年人口结构变化对储蓄率有显著的负向效应，也会带来投资的下降。

Jackson 等（2004）的研究指出，中国经济持续增长的一个重要挑战是人口转变，中国经济面临“未富先老”的局面。张春海等（2012）通过对人口年龄结构、储蓄和经济增长的研究，指出在人口结构恶化的情况下，如果少儿抚养比持续下降，会导致人均消费的增加，而这是以减少储蓄为代价的，因此不利于经济增长。史晓丹（2013）在三期世代交叠模型的基础上使用广义最小二乘法对储蓄率与经济增长的关系进行实证分析，结果显示，家庭受教育水平提高会带来消费增加、储蓄率下降，进而导致经济增长所需资本积累的减少。肖欢明等（2014）分别考察了劳动力供给、储蓄率和劳动生产率等因素对家庭储蓄率的影响，结果表明，较低的储蓄—投资转化率制约了经济的增长，其他几个因素的影响相对有限。

1.2.2.2 经济增长影响储蓄率的文献

与前述研究不同的是，另一些研究更加关注经济增长对储蓄率的反向影响。Modigliani（1970，1986）基于生命周期理论的OLG模型进行研究后得出结论：经济增长率较高经济体中的年轻人比经济增长率较低经济体中的老年人富裕。Caroll等（1994）发现，经济快速增长且拥有高储蓄率的东亚国家很好地解释了经济增长和储蓄率关系的显著性，而这种东亚模式的特点似乎是先有快速的经济增长，之后才有高的储蓄率。Dekle（1993）使用经济快速增长国家的一组数据进行了格兰杰因果检验，结果发现，经济增长是储蓄的格兰杰原因。Edwards（1995）的研究发现，私人储蓄与公共储蓄的重要决定因素是人均经济增长率。Attanasio等（2000）的研究发现，高增长下的高投资可能是产生高储蓄的原因。Loayza等（2000）在对世界储蓄率差异进行的研究中发现，增长率是解释国际储蓄率差异最有力的变量，而且该结果适用于OECD国家和其他发达国家。一些研究亚非拉第三世界国家的学者也得出了高增长率导致高储蓄率的结论，如Sinha等（1998）、Salz（1999）、Anoruo等（2001）。Modigliani等（2004）、Caroll等（2000）的研究从实证角度得出了高增长率导致高储蓄率的结论。

在国内的研究中，刘金全等（2002）利用格兰杰因果检验对储蓄率与GDP之间关系进行的检验也得出了一致的结论，即无论是储蓄增量还是储蓄率，均与实际GDP增长率之间不存在格兰杰因果关系，但实际GDP水平对储蓄增量有较大影响。汪伟（2008）运用VAR模型，基于中国数据对储蓄率、投资率与经济增长之间动态关系的研究结果表明，经济增长是投资率和储蓄率的格兰杰原因，但反向因果关系并不成立，储蓄率和投资率之间的双向格兰杰因果关系也不成立。胡雅琴（2006）同样使用该方法，对1978—2004年中国储蓄率、投资率与经济增长率之间的动态关系进行检验，却得出不同的结论，认为高储蓄率、高投资率与经济增长之间具有稳定的正向关系。因此，对于储蓄、投资与经济增长的相关性及其因果关系未得到一致的解释，到底是高储蓄导致高投资还是高投资带来高储蓄至今尚无定论，但这些观点均一致地肯定了储蓄或投资与经济增长有关系。

也有一些学者得出高经济增长导致高投资的结论。例如，Vanhoudt（1998）认为，经济快速增长会促使资本快速形成，实际产出与投资之间存在反向影响。此外，Podrecca等（2001）发现，经济增长与固定资产投资之间是一种双向因果的关系。

1.2.3 文献述评

储蓄作为经济增长中投资的重要资金来源，受到众多经济学家和学者的关注，储蓄率的变动是否会对经济增长产生促进或阻碍作用，一直是学界研究的热点，而基于家庭视角的储蓄率和经济增长之间的关系更是引起了广泛的思考。影响储蓄率的因素众多，收入水平是最早被考察的因素之一。Keynes（1936）、Friedman（1957）和Modigliani（1960）等认为，储蓄率不仅取决于当期收入水平，还取决于预期收入水平。也有学者关注人口结构变化带来的抚养负担和储蓄率之间的负向关系，如Leff（1969，1971）等。之后的文献多从预防动机（Yaari，1965）和预期寿命效应（Nardi et al.，2009）的角度得出人口预期寿命增加会促使家庭储蓄率提高的结论。此外，有学者分析了家庭受教育水平对储蓄率的影响（Morisset and Revoredo，1995）。这些研究都是从微观层面进行的探讨。还有一些学者主要考察了影响家庭储蓄率的宏观因素，如杨宜勇

（2001）、陈桢（2008）主要分析宏观的就业景气指数对家庭储蓄率的影响。也有一些学者从社会保障制度（Feldstein，1974；Feldstein，2002）和房价变动（Chamon，2011）等方面探讨影响家庭储蓄率的宏观因素。

有关储蓄率与经济增长之间关系的研究，大多讨论储蓄率对经济增长的促进作用，如 Kaldor（1956）、Jappelli 等（1994）和 Krieckhaus（2002）等认为，高储蓄率带来的高投资率导致了经济的高速增长。也有学者认为，人口结构变化带来的家庭抚养负担加重导致的储蓄率提高会对经济增长产生不利影响，如 Pecchenino 等（2002）和 Bosworth B. 等（2007）。还有学者考察经济增长对储蓄的反向影响，如 Modigliani（1970，1986）、Caroll 等（1994）、Dekle（1993）和 Edwards（1995）等从实证角度得出了高经济增长导致高储蓄率的结论。还有学者得出经济高速增长导致高投资的结论，如 Vanhoudt（1998）。此外，Podrecca 等（2001）的研究发现，经济增长与固定资产投资之间存在双向因果关系。迄今为止，学界对到底是高储蓄导致高投资还是高投资带来高储蓄尚无定论。

通过对已有文献的梳理，可以看出家庭储蓄率的影响因素不仅有家庭内部的微观因素，也有家庭外部的宏观因素，其具体影响机制可能更为复杂，影响效果也会因选取变量和使用模型的不同而存在差异。研究家庭储蓄率的文献较多，讨论人口结构与家庭储蓄率的文献要么使用总抚养比来进行研究，要么考察老年抚养比和少儿抚养比与储蓄率的关系，鲜有文献对人口结构进行细分，从年龄结构和性别结构方面进行探讨。由于研究影响家庭储蓄率宏观因素的文献相对较多，而从微观视角，尤其是基于微观数据进行实证研究的文献较少，本书基于微观家庭数据对储蓄率进行研究显得更有意义。本书分别探讨影响家庭储蓄率的人口年龄结构和性别比例差异，进而分析家庭人口结构带来的消费结构变动对家庭储蓄率的影响。根据相关经验和储蓄率的实际变化情况，不难发现家庭储蓄率的变化还存在时期效应、地域差异等，这些可能影响家庭储蓄率的因素，将在本书后面的章节和实证部分进行具体分析。考虑到我国典型的城乡二元经济结构，本书对城镇家庭和农村家庭分别进行讨论。

对储蓄率与经济增长之间关系的研究大多强调储蓄率通过投资对经济增长产生促进作用，但少有文献分析居民家庭储蓄率对经济增长的影响，并探讨储蓄率与经济增长合理区间的问题。此外，储蓄率和经济增长之间存在短期和长期的不同影响：一方面，家庭储蓄率受到家庭消费的制约，可能在短期内给宏观经济带来负面影响；另一方面，家庭储蓄流入金融机构以投资的形式进入经济运行的方方面面，对宏观经济有较大的促进作用。从发达国家的经验来看，储蓄率并非越高越好，长期而言，储蓄率与经济增长之间可能存在一个合理的区间。

储蓄率作为宏观经济中与经济增长有着密切关系的重要指标，一直受到各国经济工作者和学者的广泛关注。家庭是宏观经济运行中独立的微观经济单位，研究其储蓄率变动的影响因素，有利于较好地把握宏观经济政策运行情况，并对政策实施效果进行有效反馈。国内外学者都对该领域进行了研究，但由于研究视角、研究方法、选用数据及模型设定、变量选取等的不同，最终得出的结果也不尽相同。

本书在以往研究的基础上探求影响家庭储蓄率的人口结构因素（人口年龄结构和性别结构），进而分析由其带来的家庭消费结构变化对家庭储蓄率的影响，并进一步探究家庭储蓄率与经济增长之间的关系。

1.3 研究内容与研究方法

1.3.1 研究内容

本书共有 6 章内容，研究框架如图 1-2 所示。

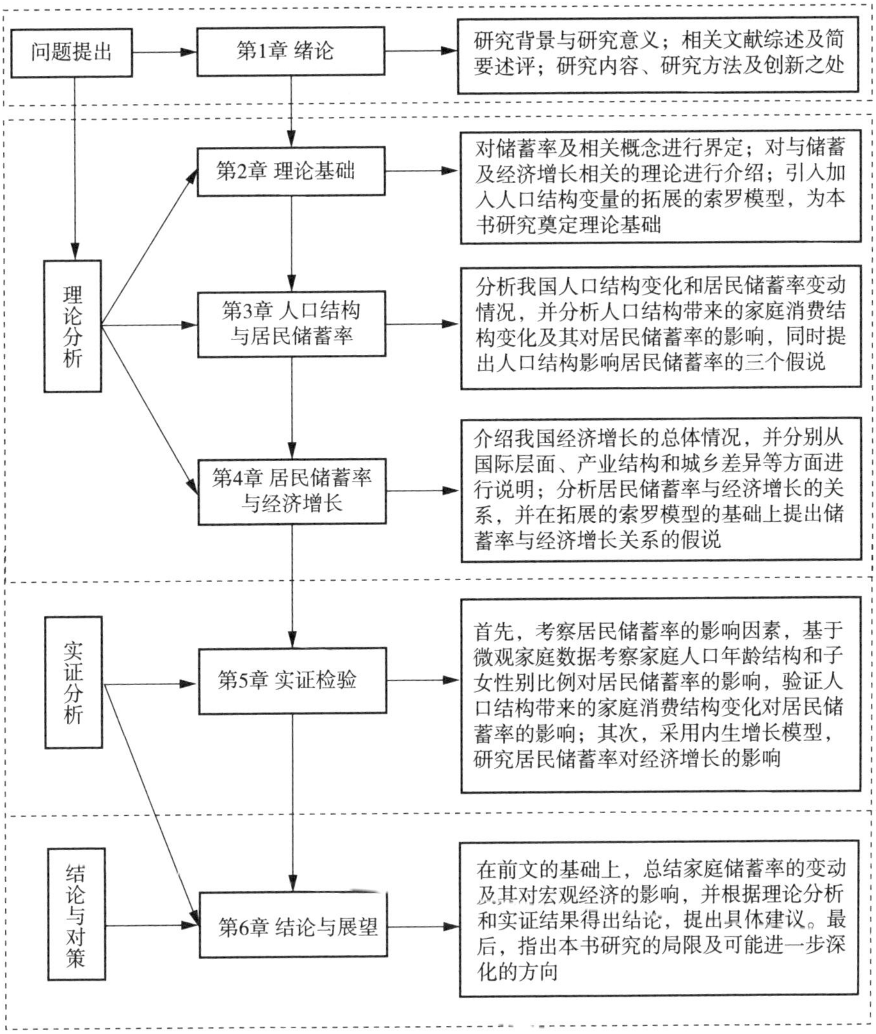

图 1-2　本书研究框架

第 1 章，绪论，概括本书的研究背景和研究意义，对影响家庭储蓄率的因素进行文献回顾、梳理及分析，主要从家庭内部因素和家庭外部因素两个方面来进行，并对研究储蓄率与经济增长之间关系的文献进行综述，继而介绍本书的研究内容、研究方法和创新之处。

第 2 章，理论基础。主要回顾和总结已有文献的理论分析框架。首先对储蓄率相关概念进行界定，进而对与储蓄及经济增长相关的理论进行介绍，在经典索罗模型的框架下引入加入人口结构变量的拓展索罗模型，为本书研究奠定理论基础。

第 3 章，人口结构与居民储蓄率。分析我国人口结构变化和居民储蓄率变动情况，并分析人口结构带来的家庭消费结构变化及其对居民储蓄率的影响，探讨人口结构影响居民储蓄率的主要途径，进而对人口老龄化日趋加剧背景下居民储蓄率的未来变化趋势做出预测，同时提出人口结构影响居民储蓄率的三个假说。

第 4 章，居民储蓄率与经济增长。介绍我国经济增长的总体情况，并分别从国际层面、产业结构和城乡差异等方面进行说明；分析居民储蓄率与经济增长的关系，探讨居民储蓄率对金融市场和资本市场的影响，并在拓展的索罗模型的基础上提出居民储蓄率与经济增长关系的假说。

第 5 章，实证检验。首先，考察居民储蓄率的影响因素，基于微观家庭数据着重考察家庭人口年龄结构和子女性别比例对居民储蓄率的影响，验证人口结构带来的家庭消费结构变化对居民储蓄率的影响；其次，采用内生增长模型，研究居民储蓄率对经济增长的影响。

第 6 章，结论与展望。在前面各章的基础上总结家庭层面储蓄率的变动及其对宏观经济的影响，并根据理论分析和实证结果得出结论，提出具体建议。最后，指出本书研究的局限性及可以进一步深化的方向。

1.3.2 研究方法

本书采用理论分析和实证研究相结合的方法进行阐述。

第一，采用微观家庭数据研究家庭储蓄率的影响因素，采用省际宏观面板数据分析家庭储蓄率与经济增长的关系。

第二，对于影响家庭储蓄率变动的因素，本书主要考虑人口年龄结构、子女性别比例和基于人口结构变动的家庭消费结构三个因素。对于人口年龄结构，主要探讨家庭中65岁及以上老人在总人口中的比重对家庭储蓄率的影响；对于子女性别比例，则考察家庭中15岁以下男孩和女孩占比对家庭储蓄率的影响；对家庭消费结构的讨论是在人口结构变动的基础上进行的，家庭人口结构变动会直接导致家庭消费结构变化，进而对家庭储蓄率产生影响。

第三，在研究家庭储蓄率的影响因素时，基于拉姆齐-卡斯-库普曼模型，在一个代表性家庭效用最大化函数的框架下进行讨论。本书采用内生增长模型研究家庭储蓄率和经济增长的关系，在模型中将储蓄率作为解释变量。

1.4 研究的创新之处

本书研究的创新之处体现在以下五个方面：

第一，研究储蓄率影响因素的文献大多从人口年龄结构、预期寿命或预防动机等单一因素角度进行考察，本书着重从人口结构角度进行分析，且将影响人口结构的因素细化为人口年龄结构和性别结构分别进行探讨。

第二，基于家庭视角进行的储蓄率研究，多从人口抚养负担、预防动机等视角进行分析，讨论人口结构变化带来的消费结构变化对居民储蓄率影响的研究较少，且只有一些定性的分析，缺乏定量考察二者关系的实证研究。本书结合居民家庭消费结构的变化，实证分析了与家庭人口年龄结构和性别结构密切相关的四类消费支出的变动对家庭储蓄率的影响。

第三，本书基于实证研究得出结论：老人占比和少儿占比上升均对居民储蓄率有正向影响，但老人占比高对农村家庭居民储蓄率的影响明显大于城镇家庭，城镇家庭15岁以下男孩占比高对居民储蓄率的影响大于15岁以下女孩占比高的家庭，而农村家庭15岁以下女孩占比高对居民储蓄率的影响显著高于15岁以下男孩占比高的家庭。该结论表明，“养儿防老”

的观念在农村家庭仍占主流地位，对于不具备“养儿防老”条件的家庭，多储蓄是其主要选择。可见，高储蓄和“养儿防老”在影响农村居民储蓄率方面具有较强的替代性。城镇家庭由于有相对完善的医疗和社会保障体系作为居民养老的有力保障，并未表现出这样的特征。本书分城乡得出的15岁以下少儿性别比例与居民储蓄率关系的结论具有一定的创新性。

第四，以往研究居民储蓄率的文献多采用宏观面板数据进行实证分析，本书采用微观家庭数据（CHIP）对影响居民储蓄率的因素进行实证分析，在研究储蓄率与经济增长的关系时以居民储蓄率作为主要的解释变量。

第五，加入储蓄率平方项的实证结果表明，储蓄率与经济增长之间并非简单的线性关系，二者之间可能存在倒“U”形关系。从世界及主要国家的储蓄率水平来看，储蓄率并非越高越好，超过一定水平的储蓄率会阻碍经济增长，只有特定区间的储蓄率才会促进经济增长。

第2章

理论基础

2.1 概念界定

2.1.1 储蓄率

储蓄作为重要的宏观经济指标，有广义和狭义之分。广义的储蓄包括国内储蓄、国际收支经常账户顺差及外汇储备；狭义的储蓄特指国内储蓄，一般将国际收支经常账户顺差和外汇储备称为国外储蓄。储蓄既可以是个人行为，也可以是整个经济运行的产物。储蓄按不同的主体可以划分为政府储蓄、企业储蓄和居民储蓄，这三类储蓄构成了一个国家的国民储蓄，或称国内储蓄。国内储蓄与国外储蓄一起构成一个国家的总储蓄。在国外的统计文献中，一般把居民储蓄和企业储蓄称作私人储蓄。

国民储蓄用来衡量一个国家在没有外债的情况下，可以用来投资的最大资金量，一般用国民可支配收入减去最终消费求得。

储蓄率是各种储蓄额在可支配收入或国内生产总值（GDP）中的占比，是衡量一个国家或地区储蓄水平的重要指标。为了更直观地了解储蓄在国民经济各部门间的分配情况，经济增长理论模型中多采用储蓄额在 GDP 中的比重来计算储蓄率，这样能很好地反映出该国储蓄与投资的平衡情况。例如，国际货币基金组织（IMF）一般通过国民储蓄与 GDP 的比值来反映一个国家的储蓄水平，并将其与国内投资和 GDP 的比值进行比较，衡量一个国家储蓄与投资的转化率。在国际比较中，更常用的方法是计算储蓄额占可支配收入的比重，这样有利于研究居民的消费与储蓄行为。

2.1.1.1 家庭储蓄率

家庭储蓄也称个人储蓄或居民储蓄①，是家庭可支配收入与家庭最终消费之差。家庭储蓄率也称居民储蓄率，是家庭可支配收入与家庭最终消费之差和家庭可支配收入的比值。尽管家庭储蓄率和居民储蓄率是一样的内容，但是在具体表达和实际使用中，常有一些固定用法，如与国民储蓄率进行探讨时，一般使用居民储蓄率，而单独研究时，居民储蓄率和家庭储蓄率都可以使用。本书同时使用居民储蓄率和家庭储蓄率，对二者不作严格区分。

家庭可支配收入中没有用于消费的部分就是储蓄，消费支出在收入中的占比为消费倾向（消费率），储蓄在收入中的占比为储蓄倾向（储蓄率），消费倾向（消费率）与储蓄倾向（储蓄率）是互补的关系。储蓄通过银行存款、购买有价债券和股票等成为企业投资的资金，在支撑国内产业发展中起到非常重要的作用。根据家庭储蓄率的定义，家庭的收入水平和消费行为对家庭储蓄率的高低起着决定性的作用。假定在收入水平既定的情况下，家庭消费水平降低会带来家庭储蓄水平的提高，如果家庭消费维持在一个固定的水平上，只有家庭收入增加，才能使储蓄增加。

家庭消费水平的高低很大程度上取决于家庭收入水平和消费水平的相对变化情况。如果人们预期未来会有更多的收入，则会在当期增加消费。利率水平也会对人们的消费和储蓄产生重大影响。如果未来能获得更多的利息报酬，人们就会延迟目前的消费，进行储蓄，利率的变动会带来储蓄的同方向变化。因此，根据家庭储蓄率的定义，一个国家的收入政策、消费政策及利率政策直接影响着家庭的消费行为，进而对储蓄率产生影响。此外，国家还可以通过行政手段，对居民消费和储蓄进行强制性调整。

---

① 阎坤，孟艳．促进我国高储蓄率适度降低的探讨［J］．中央财经大学学报，2008（8）：30-35.

就居民储蓄而言，收入减去消费后的储蓄去向可以分为四个部分：①手持现金；②金融机构存款；③证券储蓄；④实物囤储。狭义的居民储蓄，按其包含内容的狭义程度由低到高可分为四种类型：①特指银行存款，即居民储蓄=银行存款；②手持现金与金融机构存款的总和，即居民储蓄=手持现金+金融机构存款；③手持现金、金融机构存款和证券储蓄，居民储蓄=手持现金+金融机构存款+证券储蓄；④居民可支配收入中没有用于消费的部分，即居民储蓄=居民可支配收入-居民最终消费，这是西方经济学中定义的居民储蓄的概念，同时涵盖了手持现金、金融机构存款、证券储蓄和实物囤储。

本书中的家庭储蓄指家庭可支配收入减去消费的部分，家庭储蓄率为可支配收入减去消费与可支配收入的比值。

2.1.1.2 企业储蓄率

企业储蓄有时也被称为公司储蓄，是企业纳税后的收入减去股东股息的剩余。

企业储蓄率为企业储蓄额在企业可支配收入中的占比。企业储蓄多少主要取决于以下两个因素：①企业利润总额；②投资的预期收入与投资机会。企业储蓄在资本形成过程中发挥的重要作用，不单体现在其在国民储蓄中占有较高比例，还在于企业储蓄往往是经济增长过程中资本的主要来源。企业储蓄率会受到企业生产力水平和经济体制的影响。生产力水平提高会带来储蓄率的同向变化，而储蓄率的这种变化是以企业具有独立法人地位为前提的，并以此形成自觉积累的机制。企业要提高储蓄率，可以通过提高企业利润，合理进行利润分配及确定要素收入的分割比例来实现。这取决于两个因素：①企业对自身未来发展的预期；②政府政策的调节，如政府通过调低税率的财政政策刺激企业多储蓄，建立和完善资本市场，使企业能够通过出售债券和发行股票的方式在资本市场上获得融资。

2.1.1.3 政府储蓄率

西方经济学将政府储蓄定义为财政的节余额，认为政府部门也是储蓄投资主体的一部分。政府部门的资金收付行为是通过财政收入和财政支出来实现的。政府储蓄为财政收入减去财政支出的差额，其计算公式为政府储蓄=财政收入-财政支出，若财政收入大于财政支出，就称为正储蓄，反之称为负储蓄。要使政府储蓄增加，可以通过增收和节支的方式来实现，然而根据经济运行的实际，大多数国家政府的增收和节支比较困难，财政呈现赤字状态。政府储蓄会受到宏观经济政策和经济周期的影响，其中，税收政策和支出政策对政府储蓄的影响最大，如提高税率会增加政府储蓄。政府支出包含投资支出和消费支出，如果政府增加各种补贴和非生产性购买等支出，可能会使政府储蓄增加。此外，政府可以根据需要实施相应的财政政策来影响其储蓄率。

随着我国经济的不断发展，经济运行中需要大量的资本投入，可以动用国内储蓄，对于国内储蓄不足的国家和地区，则需要借助外国资本。但是，一个国家的经济发展不能只依靠外国资本，更重要的资金来源是本国国内的资本，国内储蓄是国内资本的主要来源，对一个国家的经济发展起着举足轻重的作用。政府储蓄虽然占国内储蓄的比例不是最高，但也是一个国家国内投资资金的重要来源，在国家储蓄中发挥着重要作用。

2.1.2 人口结构

常见的人口构成分为三大类：人口自然构成、人口地域构成和人口社会构成。其中，人口自然构成将人口按照生理属性划分为人口年龄构成与人口性别构成。本书探讨的人口结构属于人口自然构成这一范畴。

2.1.2.1 人口年龄结构

人口年龄结构也称人口年龄构成，指各个年龄组人口在总人口中的占比。年龄构成是人口基本的自然属性。按照国际劳工组织的划分标准，0~14岁为少儿人口，15~64岁为劳动人口，65岁及以上为老年人口。根据我国的具体情况，有些研究中也把60岁及以上的老人称为老年人口。相应地，反映人口年龄结构的指标有少儿抚养比、劳动力占比和老年抚养比。

2.1.2.2 人口性别结构

性别是人口结构中另一个重要因素。根据生物学原理，人类生育的后代中男性和女性的比率是一样的，都为50%。从全球范围来看，生育率是符合这一人口学规律的。但是在少数一些国家，由于受到传统观念及某些特殊因素的影响，人口结构中的男女比例失衡，最主要的表现是男性出生率明显高于女性。2021年第七次全国人口普查数据显示，我国的男女比例为1.05∶1。有关不同性别对家庭储蓄率影响的文献并不多。本书尝试对65岁及以上老人和15岁以下少儿进行分性别讨论，发现65岁及以上老人的不同性别对储蓄率的影响差异并不明显，而15岁以下少儿的性别变化对居民储蓄率有较明显的影响。结合已有文献，本书对15岁以下少儿进行了较为深入的研究。

2.1.3 经济增长

经济增长通常是指在一个较长的时间跨度上，一个国家人均产出（或人均收入）水平的持续增加，狭义的经济增长特指GDP增长。GDP有名义和实际之分。名义GDP反映一个国家或地区的经济发展规模，实际GDP反映经济增长的速度。经济增长率的高低体现了一个国家或地区在一定时期内经济总量增长速度的快慢，也是衡量一个国家或地区总体经济实力的标准，投资、劳动力和生产率水平等是决定一个国家经济增长速度的直接因素。本书中的经济增长为狭义概念，即GDP增长。

2.2 主要理论

2.2.1 储蓄与收入理论

2.2.1.1 绝对收入理论

绝对收入理论的提出者是对宏观经济有巨大贡献的凯恩斯，他指出，人们的消费主要受当期收入的影响，消费和收入之间是显著的正向关系，只不过随着收入的不断增加，消费的边际倾向递减。与之相对应，储蓄也与当期收入水平显著正相关，随着收入的增加，储蓄会不断增加，且储蓄的边际倾向递增。该理论将消费分为两部分：一部分为自发性消费，是为了保证基本生活开销所举债消费的部分；另一部分为引致性消费，是由收入的变化所引起的人们消费变动的部分。该理论表明，消费者总的消费是自发性消费和引致性消费的总和，消费者的消费主要依赖即期收入。凯恩斯的绝对收入理论认为，决定人们消费和储蓄的主要因素是人们现期的收入水平，取决于人们当期收入的绝对数量。

2.2.1.2 相对收入理论

杜森贝利的相对收入理论和凯恩斯的绝对收入理论在分析消费和储蓄的情况时有明显差异。该理论认为，人们的当期消费不仅取决于当期的收入水平，还取决于相对收入水平。也就是说，人们的当期消费一方面依赖其他人的收入水平，另一方面取决于本人历史最高收入水平。分别考虑长期和短期影响会发现：平均消费倾向和储蓄倾向在长期较稳定，当收入逐渐增加时，消费在收入中的占比相对稳定；而在短期内，平均消费倾向和储蓄倾向取决于当期收入与最高收入的比例，因而会带来短期消费的波动，但受到消费习惯的影响，收入增加时带来的消费增加大于收入减少时带来的消费下降。对高水平的收入者来说，消费会随着收入的增加而增加，提升消费是相对容易的事，而当收入减少时，由于高消费水平所形成的消费习惯一时难以改变，随着收入水平的下降消费水平不太容易降下来，会继续保持原来的消费水平，或者维持在比原来略低的消费水平上，但不会沿着长期消费函数的曲线下降。也就是说，消费随着收入的增加而增加容易，但随着收入的下降而减少则很难。因此，消费者在短期和长期表现出不同的消费倾向，消费者在短期的消费行为可以用来解释“由俭入奢易，由奢入俭难”这一现象。

2.2.1.3 生命周期理论

莫迪利安尼和布伦伯格的生命周期理论探讨了生命不同时期影响储蓄行为的因素。他们认为，人们会根据其一生的财富水平来安排不同时期的消费和储蓄，最终实现一生效用最大化的目标。该理论认为，储蓄不仅受到现期收入和预期收入的影响，还和初始财富持有量及年龄密切相关，而且就收入而言，影响储蓄行为的不仅是工资性收入，还包括财产性收入。因此，从生命周期理论来看，个人的消费和储蓄会受到年龄和财富预期等的影响，消费和储蓄与财产不必然成比例，人们进行消费和储蓄决策的选择是为了获得一生的最大满足。该理论将一生分为三个时期，分别为年轻时期、中年时期和老年时期。一般来说，年轻时期家庭收入水平相对偏低，但由于对未来有较高的预期，有时会存在举债消费的情况，因此这一阶段的消费往往较高。中年时期，随着家庭收入不断增加，消费在收入中的比重会逐渐减小，家庭用于储蓄的部分会增加。老年时期对应的是退休阶段，在这一时期，收入水平会逐渐下降，消费在收入中所占的比重会增加。可见，在生命周期的各个阶段，消费在收入中的占比是不断变化的。生命周期理论认为，由于社会中各个家庭处在不同的生命周期阶段，在人口构成相对稳定的情况下，长期的边际消费倾向是相对稳定的。但是，如果构成社会的各个家庭的人口结构发生变化，就会带来边际消费倾向的变化，即家庭中年轻人和老年人的比重增大，会使消费倾向增加，如果中年人比重增加，则会增加储蓄倾向。

2.2.1.4 永久收入理论

美国经济学家米尔顿·弗里德曼认为，消费者的消费支出并非只是受他现期收入的影响，还会受其永久收入的影响。在该理论中，收入增加被分为暂时增加和永久增加。假定消费者的收入上升，人们不能确定该收入的增加是否会持续，因而不会立刻增加消费，而当收入下降时，也面临同样的问题，因此，消费也不会马上随之下降。只有当收入的增加和下降被最终证实是持久性的行为时，才会使消费随着收入的增加而增加，随着收入的减少而下降。因此，该理论下的消费行为具有以下三个特点：一是消费不仅取决于现期收入，还依赖人们的持久收入；二是临时性收入的增减并不会带来消费的明显变化，只有永久性的收入变动才会对消费和储蓄产生明显影响；三是当政府实行暂时的增收政策时，并不会较大程度地刺激消费，只有永久性的增收政策才能使消费产生明显变化。

2.2.1.5 过度储蓄理论

最早提出过度储蓄理论的是英国学者伯纳德·曼迪维尔，他在著作《蜜蜂寓言》中描述了国家的强制节俭所带来的各行各业人满为患、就业困难的经济后果。曼迪维尔认为，储蓄的内涵是不消费，他所指的过度储蓄是人们的不消费超过一定限度。之后，马尔萨斯提出过度储蓄理论，强调储蓄过度是一种“用于资本支出”的过度，会对消费产生不利影响。马尔萨斯认为，储蓄应该有个界限，一旦超过这个界限，尽管可能在昔日看来是美德却会变成今日的罪恶。储蓄过度会使投资增加，产品供过于求、价格下跌，生产者的生产动机降低，财富增长停滞，进而导致生产过剩的危机。霍布森的过度理论则从需求不足角度来讨论，认为无限制的节俭并不是美德，也不会使一个国家的财富增加。他认为，生产的目的是为消费者提供效用和便利，并且该过程具有连续性。储蓄在使现有资本总量增加的同时，也会减少被消费掉的效用和方便，因此，任何过度扩大这种习惯的行为都是对经济不利的。从长期来看，人们倾向于把不能转化为新资本的部分收入储蓄起来，而导致这一行为的并非储蓄者的不理性，而是收入和财富在各阶层的分配不均，使拥有财富较少、人数众多的阶层有效需求不足，进而妨碍社会生产的顺利进行。凯恩斯的过度储蓄理论重点关注储蓄和投资之间的负向影响——不能转化为投资的过度储蓄带来的危害。人们对消费欲望的节制产生的过度储蓄会使资本边际效率递减，人们的流动性偏好增加，进而使投资减少，社会就业率降低。凯恩斯的分析框架对储蓄和投资主体进行了分离，从而决定了储蓄和投资的动机完全不同。

2.2.2　主要经济增长理论

2.2.2.1　经济增长概论

储蓄通过投资对经济增长产生间接影响。在储蓄量一定的前提下，投资的多少取决于储蓄转化为投资的能力。凯恩斯认为，投资等于储蓄是经济稳定增长的条件，并分析了影响投资和储蓄的因素，但对于投资如何等于储蓄这一问题未作深入探讨。

人们对经济增长的关注由来已久，但对于什么是经济增长，西方经济学界并未得出一致的结论。美国经济学家库兹涅茨在 1971 年获得诺贝尔经济学奖并发表演讲时给经济增长下的定义被人们普遍接受。他指出，一个国家的经济增长可以定义为给居民提供种类日益繁多的经济产品的能力上升，这种能力的不断增长建立在先进技术及所需要的制度和思想意识与之相应调整的基础之上。按照库兹涅茨的定义，现代经济增长具有以下六个特征：①人均产量和人口均高速增长；②劳动和各种生产要素的生产率增长迅速；③经济结构的变革速度很快；④社会结构和意识形态快速变革；⑤经济增长在世界范围内迅速扩大；⑥世界各国经济增长不平衡。

尽管学者们对什么是经济增长的说法不一，但经济增长的度量标准极为明确，即产量的增加。产量既可以表示为经济的总产量（GDP 总量），也可以表示为人均产量（人均 GDP）。经济增长可以用增长率来描述，即本时期国民总产量（人均产量）相对于上一期总产量（人均产量）增长的百分比，用公式可以表示为

$$G_t=(Y_t-Y_{t-1})/Y_{t-1} \tag{2-1}$$

其中，G_t 表示经济增长率；Y_t 表示 t 期的总产量；Y_{t-1}表示 $t-1$ 期的总产量。

经济增长率还可以表示为

$$g_t=(y_t-y_{t-1})/y_{t-1} \tag{2-2}$$

其中，g_t 表示人均产量的增长率；y_t 表示 t 期的人均产量；y_{t-1}表示 $t-1$ 期的人均产量。

经济增长的衡量标准最主要的是产量的增加，可以用宏观生产函数表示如下：

$$Y=AK^{\alpha}L^{\beta} \tag{2-3}$$

其中，Y 表示总产量；A 表示技术；K 表示资本；L 表示劳动；α 表示劳动力产出的弹性系数；β 表示资本产出的弹性系数。从增长的角度，可将式（2-3）的宏观生产函数表示成 $G_Y=G_A+\alpha G_K+\beta G_L$ 的形式。其中，G_Y 表示经济增长率，G_A 表示技术进步率，G_K 表示资本增长率，G_L 表示劳动增长率，α、β 分别表示劳动力产出和资本产出的弹性系数。

2.2.2.2 哈罗德-多马模型

凯恩斯的收入分析框架考虑了投资变动对收入的影响，却未考虑收入变动对接下来投资的影响，且只关注了增加投资对刺激需求和实现总需求与总供给均衡的目标，未将注意力放在总供给变动带来的新的均衡变化上，因此该理论是一种静态的、短期的均衡。哈罗德认为，投资增加在带来国民收入倍增的同时也实现了就业均衡，投资增加的效用不仅刺激了总需求，同时影响了总供给，因而本期的均衡国民收入到下一期就不能保证充分就业，需要增加投资来实现在下一期充分就业的目的。为了较好地解

决这一问题，哈罗德引入了“资本-产出比”的概念，并在经济增长理论中加入了时间因素，对凯恩斯的理论进行了长期化和动态化的处理。

哈罗德-多马模型把经济增长抽象为三个宏观变量之间的关系，即 $G=\frac{s}{v}$，其中，G 为经济增长率，s 为储蓄率（储蓄在收入中的占比），v 为资本-产出比率。

从公式中可以看出，一个国家的经济增长率和储蓄率成正比，和资本-产出比率成反比。哈罗德-多马模型在分析经济增长时将经济增长率分为实际增长率、有保证的增长率和自然增长率。实际增长率是指社会实际达到的增长率；有保证的增长率即均衡增长率，是指在既定储蓄率和资本-产出比率条件下，储蓄能够全部转化为投资所需要的产出增长率；自然增长率为人口增长和技术水平保持相对稳定状态的增长率。该模型认为，当实际增长率不等于有保证的增长率时，经济增长会发生短期波动，进一步分析可知，当实际增长率和有保证的增长率之间出现偏差时，经济活动本身会加剧这种偏差。例如，如果实际增长率大于有保证的增长率会使企业扩大投资，提高资本-产出比率，从而提高实际产出水平，进而导致实际增长率与有保证的增长率之间的偏差扩大；当实际增长率小于有保证的增长率时，企业会减少投资，降低资本-产出比率，致使实际增长率降低。因此，经济的长期稳定均衡是很难实现的。人们将该模型描绘的经济稳定增长路径称为“刃峰”。

在哈罗德-多马模型中，长期经济均衡的条件是：实际增长率＝有保证的增长率＝自然增长率。在短期内，政府可以运用财政政策和货币政策使实际增长率等于有保证的增长率，避免经济波动。从长期来看，政府要通过产业政策、分配政策和人口政策等的协调使用来实现实际增长率＝有保证的增长率＝自然增长率是非常困难的。因此，按照哈罗德-多马模型的结论，经济长期稳定增长几乎是不可能的，而是会表现出剧烈的波动。

2.2.2.3 索罗模型

由于哈罗德-多马模型的长期经济均衡增长是一种很难达到的状态，后来的一些经济学家认为该模型过于悲观，于是独辟蹊径，提出了一些新的经济增长理论。为了进一步探讨经济社会是否会在长期内保持稳定增长，索罗·斯旺提出了索罗新古典增长模型，该模型克服了哈罗德-多马模型“刃峰”的缺点，更强调储蓄率对经济增长的重要性。

索罗模型奠定了现代经济增长理论的基础，描述了在完全竞争市场中，劳动和资本的投入带来的产出的增加。索罗模型加入了动态学的分析，其核心方程为 $\dot{k}=sf[k(t)]-(n+g+\delta)k(t)$。从该方程中可以看出，每单位有效劳动的资本存量变化率可拆分为两项：第一项 $sf(k)$ 为每单位有效劳动的实际投资，其中 $f(k)$ 为单位有效劳动的产出，s 为该产出的投资份额；第二项 $(n+g+\delta)k$ 为持平投资，即为使 k 保持在现有水平上必须进行的投资量。之所以要使 k 保持在现有投资水平上，理由有两个：一是现有的资本折旧会导致资本存量下降；二是有效劳动数量的增加会使单位有效劳动的资本存量下降，为了保证增加的有效劳动的资本存量不降低，资本存量要保持与有效劳动一致的增速。

索罗模型提出了资本的“黄金律水平”和“动态无效率”。消费者一生追求的最终目标并非资本的累积和产出的增加，而是最大化其消费和福利水平。长期消费水平最高时的稳定状态被称为资本的“黄金律水平”。在该水平下，资本的稳态水平 k^* 满足资本积累的黄金法则，此时的经济运行处于帕累托最优，超过 k^* 资本积累水平的人均消费路径均位于另一条最优路径之下，该状态下经济社会存在的过度储蓄现象被称为“动态无效率”。

储蓄率会影响稳态的人均资本量，进而影响稳态的人均产出量。从整个经济社会来看，产出用于消费和积累两个方面，因而出现了一个如何处理消费和积累关系的问题。索罗模型在假定不考虑技术进步的前提下得出如下结论：一是储蓄率对消费的影响。在模型中其他变量一定的前提下，储蓄率的变动会对消费产生影响，并且在特定的储蓄水平下，存在一个使消费水平最大化的消费极值，该储蓄率水平就是稳态下的资本“黄金律水平”，此时若提高储蓄率，在原有资本水平低于“黄金律水平”的情况下，可以促进长期消费。二是储蓄率对产出的作用。在储蓄率水平既定的情况下，储蓄率对经济增长的效应为零，但从长期来看，储蓄率对产出水平是有影响的①。提高储蓄率和投资水平，可以提升一个经济体稳态时的资本和产出水平，当原有资本水平低于“黄金律水平”时，在经济达到新的稳态之前对经济增长具有促进作用②，但需要注意的是，储蓄率的增加只能引起经济的短期增长。

索罗模型也引出了有关国家政策和储蓄率关系的思考，对高储蓄率国家应该对应高的人均收入水平给出了解释。因此，提升储蓄率的政策可能会成为提高居民收入水平的有力工具。政府储蓄是国民储蓄的一部分，是政府税收和支出的差额。政府提高国民储蓄率最直接的办法是利用政府预算。预算赤字代表政府负储蓄，可以通过降低政府储蓄率来降低国民储蓄率，进而降低投资，使经济增速放缓。

索罗模型旨在向人们说明，在技术水平可变的前提下，资本和劳动力的比率具有随时间推移向均衡比率自行调整的倾向。如果最初资本与劳动力的比率较大，资本和产出的增加就会慢于劳动力的增加；如果最初资本与劳动力的比率较小，则资本和产出的增加会快于劳动力的增加。显然，索罗对均衡增长路径的研究是从资本与劳动力比率入手进行分析的。该模型表明，人均资本拥有量的变化率 k^*，取决于人均储蓄 $sf(k)$ 和按既定资本劳动比配备每一新增人口所需资本量 nk 之间的差额。索罗模型指出，长期增长率取决于劳动力的增加和技术的进步，而劳动力的增加不仅指劳动力数量的增加，还包括劳动者技能和素质的提升。索罗模型与以往奉行的

---

① 武康平．高级宏观经济学［M］．北京：清华大学出版社，2005.

② 贺金社．经济学［M］．上海：上海人民出版社，2010.

“资本积累”是经济增长主要动力的增长理论最大的区别在于向人们展示了，在长期除了资本以外，经济增长更需要依靠技术进步、教育和训练水平的提高。

2.2.2.4 拉姆齐模型

该模型由拉姆齐（F. P. Ramsey）于1928年创建，1956年分别经由卡斯（D. Cass）和库普曼（T. C. Koopman）发展和完善。该模型规避了市场的不完全性和家庭差异带来的棘手问题，使消费与储蓄由具有无限生命的家庭来决定，不受限于单独个体生命终结的影响，是对现实社会的高度抽象，为分析问题提供了很好的基点。该模型假定经济生活中存在大量相同的家庭，家庭的规模以 n 的速率增长，家庭每个成员在每个时点供给一单位的劳动。家庭总是将其拥有的资本、劳动等生产要素租借给厂商，厂商租用家庭的要素并雇用家庭成员为其生产和销售。在每个时点上，家庭将其收入（由家庭供给的劳动与资本所获得的收入，以及从厂商处获得的利润）在消费与储蓄之间进行分配，以便最大化其一生的效用。

该模型并未沿用索罗模型的线性假设，而是假定在封闭经济中总投资与总储蓄相等，最终产出由消费和储蓄构成。和索罗模型一样，$\dot{k}$ 是实际投资与持平投资的差值。由于拉姆齐模型假定不存在折旧，则持平投资为 $(n+g)k$，实际投资为产出和消费的差。利用储蓄和消费的关系，将储蓄的决定问题转化为最优消费的决定，通过家庭最优消费的决策得到最优消费水平。

与索罗模型中平衡增长路径的不同在于，拉姆齐模型中平衡增长路径上的资本水平不可能超过资本的“黄金律水平”。在索罗模型中，一个足够高的储蓄率可以使经济进入平衡增长路径，还可以使各个时刻保持较高的消费水平，因而其平衡增长路径上的资本可能超过资本的“黄金律水平”。拉姆齐模型中的平衡增长路径取决于消费 c 和资本 k，由二者的最优动态路径共同决定。

$$u[C(t)] = \frac{C(t)^{1-\theta}}{1-\theta},\ \theta>0,\ \rho-n-(1-\theta)g>0 \tag{2-4}$$

式（2-4）为模型的瞬时效用函数，θ 表示家庭将消费在不同时期转移的意愿，θ 越小，随着消费的增加，边际效用的下降越慢，家庭越愿意允许其消费随着时间的推移而变化。当 θ 趋近于零时，效用和消费之间的关系几乎为线性，因此家庭更愿意接受其消费较大的变动，以便充分利用其贴现率与从储蓄中获得的报酬率之间的微小差额。

拉姆齐模型与索罗模型相似，关键的区别在于拉姆齐模型在分析中将储蓄率视为决定家庭效用水平的内生因素而非模型之外的外生因素，该模型对索罗模型的外生增长理论进行了修订，在分析时认为产出要么被用于消费，要么被用于储蓄以增加投资。因此，可以将储蓄的影响因素归结为消费的决定问题。

2.2.2.5　戴蒙德世代交叠模型

由阿莱、萨缪尔森、戴蒙德等发展起来的戴蒙德世代交叠模型建立在生命周期理论基础之上，认为每个社会成员的生命都是有限的，随着老一代的逝去，新生的人口会不断进入经济生活，在相同时点上不同代际的人同时生活着。假定每个消费者都生存两期：年轻时期和老年时期。消费者在年轻时期通过劳动获得收入进行消费和储蓄，老年时期丧失劳动能力，依靠年轻时期的储蓄及所得利息进行消费，在其生命终结时刚好花完一生的积蓄，也没有欠债。该模型与拉姆齐模型一起构成了宏观经济模型的两大微观基础。与拉姆齐模型最大的不同在于，该模型假定在任一时期的经济生活中都存在拥有有限生命的年轻人和老年人。

该模型假定人们年轻时期工作、消费和储蓄，老年时期只有消费和负储蓄，在 t 时期，年轻人口为 L_t，老年人口为 $L_{t-1}=\frac{L_t}{n+1}$，n 为人口增长率，初始资本存量为 K_0（由全部老年人平均拥有）。

0 期的产出依靠老年人拥有的资本和年轻人拥有的劳动共同生产，资本和劳动的报酬分别为资本边际产品和劳动边际产品。由于老年人同时消费其资本性收入和财富，且在他们死亡后退出模型，年轻人的劳动收入被用来消费和储蓄，储蓄会进入下一期的消费，因此，$t+1$ 期整个社会的资本存量为年轻人口与其在 t 时期的储蓄的乘积。

消费者会在给定预算约束条件下，在两个时期进行消费和储蓄的分配，以使其一生的效用最大。

从效用最大化的一阶条件和利率决定收入的表达式中得出的储蓄公式为

$$s_t=S(W_t,\ R_{t+1}) \tag{2-5}$$

其中，s_t 表示代表性消费者的储蓄率，$S(\cdot)$ 为储蓄函数，W_t 表示代表性消费者的工资水平，R_{t+1} 表示 $t+1$ 期的利率水平。

式（2-5）表明，利率对储蓄率的影响主要体现在两个方面：第一，利率提高会使消费者在第 1 期消费的成本增加，因此消费者会减少在第 1 期的消费，提高储蓄，表现为替代效应；第二，利率提高会导致消费者收入增加，从而带来消费者的消费增加，表现为收入效应。因此，利率增长带来的消费和储蓄的变动取决于替代效应和收入效应哪个更大。

在戴蒙德世代交叠模型中，每个社会成员均拥有有限的生命，随着老一代的逝去，新生的人口不断进入经济生活，在同一时点上，不同代际的人共同生活，不仅同一代人之间存在经济联系，不同代际的人之间也存在广泛的经济交往。他们的消费、储蓄、投资等经济选择，因为所处代际不同，必然表现出不同，即不同代际的人之间的交往规律不尽相同，因此整个经济就构成了一个复杂的有机体。由此可以看出，戴蒙德世代交叠模型考虑了经济个体的差异性，将其划分成不同的群体纳入分析框架，其分析更加贴近现实生活，更容易解释和研究不同年龄段人群的经济行为差异对宏观经济运行产生的影响，真正实现了宏观经济层面与微观个体行为的融合。

2.3　拓展的索罗模型

2.3.1　传统索罗模型及其局限性

索罗模型奠定了现代经济增长理论的基础，描述了在完全竞争市场中劳动和资本的投入带来的产出的增加。该模型的核心方程为

$$\dot{k} = sy-(n+g+\delta)k \tag{2-6}$$

其中，y 表示人均产出；k 表示人均资本投入；s 表示储蓄率；n、g、δ 分别表示人口增长率、技术进步率和资本折旧率。该方程表明，人均产出中消费剩余的部分即人均储蓄通过两种方式增加资本积累。当 $\dot{k}$ 为 0 时，得到均衡状态的人均资本存量，此时经济达到稳态，人均资本投入和人均产出的增长率都为 0。

尽管索罗模型作为经典的增长模型一直备受推崇，也在经济增长研究中发挥了巨大作用，但索罗模型在解释经济增长时存在明显的缺陷：一是忽略了人口因素中的人口结构变化对经济增长的影响；二是将人口作为外生的变量给定。因此，在我国人口结构发生巨大变化，人口老龄化不断加剧的背景下，使用该模型已经不能适应我国经济增长研究的现实。基于此，本书研究将在引入人口变量的拓展索罗模型的框架下进行。

2.3.2　引入人口变量的拓展索罗模型

为了将索罗模型和我国经济环境变化的具体现实结合起来分析，本书考虑在传统索罗模型的基础上引入人口结构变量进行拓展。

假定整个社会的总人口 N 划分成两类：劳动力人口 L_w 和非劳动力人口 L_N，则总人口 $N=L_w+L_N$，非劳动力人口占比为 $\phi=\dfrac{L_N}{N}$，$0<\phi<1$。

按照人口结构，可将一个国家的人口区分为劳动力人口和非劳动力人口，因此一个国家的储蓄有一部分要用于非劳动力人口的消耗，不可能全部转化为产出。

这里假定 Y 为社会的总产出水平，非劳动力人口消耗的部分记为 Y_N，那么全社会用于投资的部分为 $s(Y-Y_N)$。

考虑非劳动力人口的基本生活情况，引入 τ 作为抚养水平的系数来考察非劳动力人口所消耗的资金在人均收入中的占比，公式为 $\tau=\frac{Y_N/L_N}{Y/N}$。一般来说，抚养支出小于社会的总产出水平，于是有 $0<\tau<1$。

由以上定义的变量易得 $\phi\tau=\frac{Y_N}{Y}$，于是 $Y_N=\phi\tau Y$。

加入人口结构变量的增长公式为

$$\Delta K=s(1-\phi\tau)Y-\delta K \tag{2-7}$$

其中，K 为总的资本存量，则平均每单位有效劳动的资本存量为 $k=\frac{K}{AL_w}=\frac{K}{A(1-\phi)N}$，$A$ 为技术进步率。

进而得到人均资本投入量变化的公式：

$$\dot{k}=\frac{\Delta K}{A(1-\phi)N}-(n+g+\frac{\Delta\phi}{1-\phi})k \tag{2-8}$$

将式（2-8）代入式（2-7），得到拓展的索罗模型：

$$\dot{k}=s(1-\phi\tau)y-(n+g+\delta+\frac{\Delta\phi}{1-\phi})k \tag{2-9}$$

当经济达到稳态时，

$$s(1-\phi\tau)y=(n+g+\delta+\frac{\Delta\phi}{1-\phi})k \tag{2-10}$$

人均产出与人均资本投入的关系为

$$y=\frac{Y}{L}=\left(\frac{K}{L}\right)^{\gamma}=k^{\gamma} \tag{2-11}$$

其中，γ 为资本产出的弹性系数。

将式（2-11）代入式（2-10），可得

$$k=\left[\frac{s(1-\phi\tau)}{n+g+\delta+\dfrac{\Delta\phi}{1-\phi}}\right]^{\frac{1}{1-\gamma}} \tag{2-12}$$

$$y=\left[\frac{s(1-\phi\tau)}{n+g+\delta+\dfrac{\Delta\phi}{1-\phi}}\right]^{\frac{\gamma}{1-\gamma}} \tag{2-13}$$

式（2-12）为稳态时的人均资本存量，式（2-13）为稳态时的人均产出。为了考察人口结构变化对储蓄率的影响，将非劳动力人口的增长率 $\Delta\phi$ 定义为常数，并令 $c=n+g+\delta$。在式（2-12）中对 ϕ 求导，并令求导之后的等式为0，进而得到

$$-\beta c\phi^2+(2\beta c+2\beta m)\phi-(\beta c+\beta m+m)=0 \tag{2-14}$$

易知该曲线为开口向下的抛物线，对称轴为 $1+\frac{\beta m}{\beta c}>0$，当 ϕ 趋近于1时，式（2-13）的值为 $m\beta-m<0$，由于 $0<\phi<1$，$\frac{\mathrm{d}k}{\mathrm{d}\phi}$在（0，1）上一直小于0，即人均资本 k 随着非劳动力人口占比 ϕ 的上升不断减少。

按照该理论，处于一定经济水平的储蓄率和人均资本会受到人口结构中非劳动力人口占比的影响，人均资本存量会随着非劳动力人口占比的提高而下降，进而影响经济的稳态水平，对总产出产生影响。

2.4 小结

本章是全书的理论基础。首先，定义了储蓄率，对其进行分类，进而介绍了与储蓄率相关的绝对收入理论、相对收入理论、生命周期理论、永久收入理论和过度储蓄理论，并在此基础上分析了哈罗德-多马模型、索罗模型、拉姆齐模型和戴蒙德世代交叠模型，最后引入人口结构变化的拓展索罗模型，为进一步的理论分析和实证研究提供理论依据。

第3章

人口结构与居民储蓄率

消费、投资和出口被形象地喻为影响宏观经济运行的“三驾马车”。作为我国经济发展中特有的现象，消费不足一直是宏观经济运行中的热点问题。与居民消费息息相关的无疑是居民收入水平，而在总收入中有多少用于消费、多少拿来储蓄不仅是家庭进行最优决策需要考虑的，也是整个经济良性运行需要关注的。储蓄作为与消费紧密相连的重要宏观经济指标，其变动情况和影响因素一直备受各国学者和经济学家的关注。随着我国经济发展日益加剧的老龄化现象不容忽视，人口出生率持续走低、劳动力人口数迎来高点之后的下降等人口结构因素变化与居民储蓄率之间有怎样的关系，是本章所关注的。

3.1 居民储蓄率

居民储蓄作为国民储蓄的重要组成部分，其变动趋势与国民储蓄基本一致，作为整个国民储蓄的代理变量，具有很好的代表性，也契合了本书从微观家庭视角研究储蓄率这一出发点。本书以居民储蓄率为研究对象。

我国的高储蓄率与高经济增长率受到全球的广泛关注。1998—2013年，我国国民储蓄率一度超过 50%，成为全球储蓄率最高的国家。在整个国民储蓄率中，贡献最大的为居民储蓄率，在国民储蓄率持续走高的年份，居民储蓄率对国民储蓄率的贡献接近 50%，但居民储蓄率并非一路飙升，在不同经济发展时期、不同年份呈现出不同的特征。

3.1.1 居民储蓄率的总体变化

我国居民储蓄率呈现出显著的阶段性特征：第一阶段为改革开放后至1988年，居民储蓄率上升势头明显，从1978年不到5%上升到1989年超过25%。第二阶段为1989—1999年，由于受到国外政局影响，居民储蓄率在1989—1991年出现了下跌，在1992年邓小平南方谈话之后确立了市场经济体制，这一阶段居民储蓄率表现出明显的上升趋势，1999年达到27.63%。第三阶段为2000年至金融危机前，受到市场系统性风险加剧的影响，居民储蓄率在此阶段保持了平稳增长。第四阶段为2007—2019年，2007年爆发的金融危机使个人与市场的系统性风险进一步加剧，金融危机带来的不确定性冲击使居民及企业陷入恐慌，这一阶段居民储蓄率增长迅速。2010年居民储蓄率达到42.10%的历史高位，随着金融危机后经济的逐渐复苏，市场的恐慌情绪得到有效缓解，2011年之后居民储蓄率开始缓慢下降，2019年居民储蓄率降至34.79%，为近10年的最低值。

从图3-1中可以看出，1995—2019年，我国居民储蓄率与国民储蓄率的变动保持了高度一致。居民储蓄率在1999年之前有小幅下降，之后快速上升，2000—2002年基本平稳，2002年之后持续增长到2010年的历史高位，超过40%，之后平缓下降。可见，居民储蓄率的变化表现出明显的阶段性特征。

从图3-2中可以看出，我国居民储蓄在国民储蓄中的占比较高，居民储蓄总量和居民储蓄率水平的变化呈现出一定的阶段性，且家庭储蓄在国民储蓄中的占比接近一半。1995年居民储蓄率在国民储蓄率中的占比接近50%，1999—2009年居民储蓄在国民储蓄中的占比高达50%~60%，之后随着国民储蓄率的下降，居民储蓄率也表现出相同的变化趋势，尽管如此，1995—2019年居民储蓄在国民储蓄中的占比基本保持在50%左右。

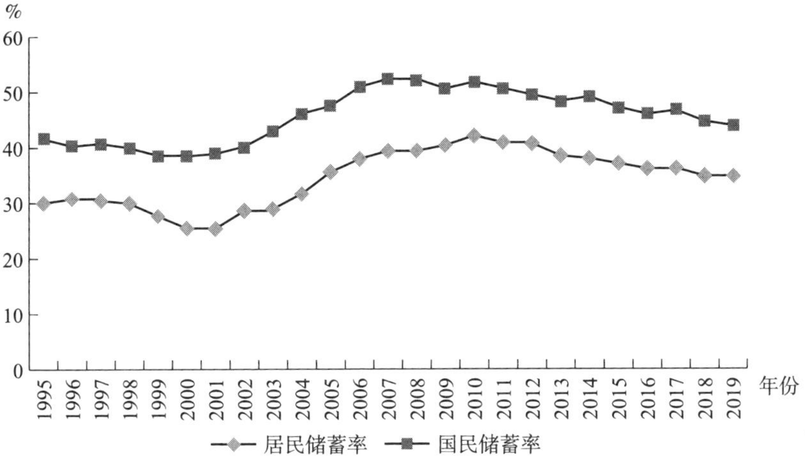

图 3-1　1995—2019 年我国居民储蓄率与国民储蓄率的变化

资料来源：根据《中国统计年鉴》（2020）和《新中国六十五年统计资料汇编》的相关数据计算得出。

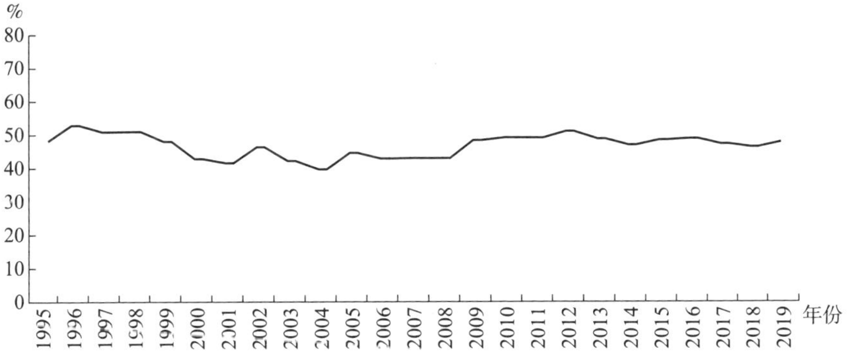

图 3-2　1995—2019 年我国居民储蓄在国民储蓄中的占比情况

资料来源：《中国统计年鉴》（2020）。

3.1.2　居民储蓄率的国际比较

我国的储蓄率一直远远高于世界平均储蓄率，无论是与发达国家还是发展中国家相比，我国的储蓄率水平均稳居世界前列。根据世界银行的统计数据，1995 年，我国的储蓄率为 40%，同年世界储蓄率平均水平为

23%；2008 年，我国的储蓄率达到最高值 52.3%，同年世界储蓄率平均水平为 26%；2010 年以后，我国的储蓄率虽然有所下降，但仍保持在 50%左右；2020 年，我国的储蓄率仍然维持在 40%以上，同样远高于 25%的世界平均水平。

东亚国家的储蓄率均相对较高，如日本、韩国的储蓄率均高于世界储蓄率平均水平，中国的储蓄率则高于日本和韩国。日本的储蓄率呈现明显的下降趋势，1996 年为 32%，此后逐年下降，2013 年降至 24%，仅为我国 2013 年储蓄率的一半，之后年份有小幅上涨，2020 年为 28%，同年我国的储蓄率为 46%。韩国的储蓄率相对略高，1995 年为 38%，与我国 1995 年的 40%较为接近，但之后呈现走低态势，2008 年全球金融危机之后达到最低点 33%，2013 年回升至 34%，之后出现小幅上涨，到 2020 年达到 36%，但与同年我国 46%的高储蓄率相比，仍低了 10 个百分点。

同为金砖国家的印度、巴西及俄罗斯与我国储蓄率的差距更加明显。其中，储蓄率相对最高的是印度，最高值为 2007 年的 37%，同年我国的储蓄率为 50%，印度的储蓄率低于我国 13 个百分点；之后受全球金融危机的影响，印度储蓄率急剧下降，到 2020 年降至 28%，同年我国的储蓄率为 44%。俄罗斯的储蓄率波动幅度较大，最高点为 2000 年的 36%，最低点为 1998 年的 19%，从数值来看，明显低于我国。巴西的储蓄率是三个国家中最低的，1999 年为 11%，2007 年也仅为 19%，不仅远低于我国的储蓄率水平，在世界范围内也属于较低水平。

我国的储蓄率远远高于西方发达国家。其中，美国的储蓄率相对波动不大。2008—2009 年全球金融危机期间，美国的储蓄率下降至最低点 14%，其余年份则基本稳定在 20%左右，储蓄率最高的年份是 1998 年，为 21%，2020 年为 19%。在其余发达国家中，储蓄率最高的是德国，2020 年为 28%；储蓄率最低的是英国，最高时也未超过 20%（1998 年为 17%），2020 年英国的储蓄率只有 14%，与 2008 年金融危机时的储蓄率基本持平。中国与世界储蓄率的变化、世界主要国家的储蓄率变化见图 3-3、图 3-4。

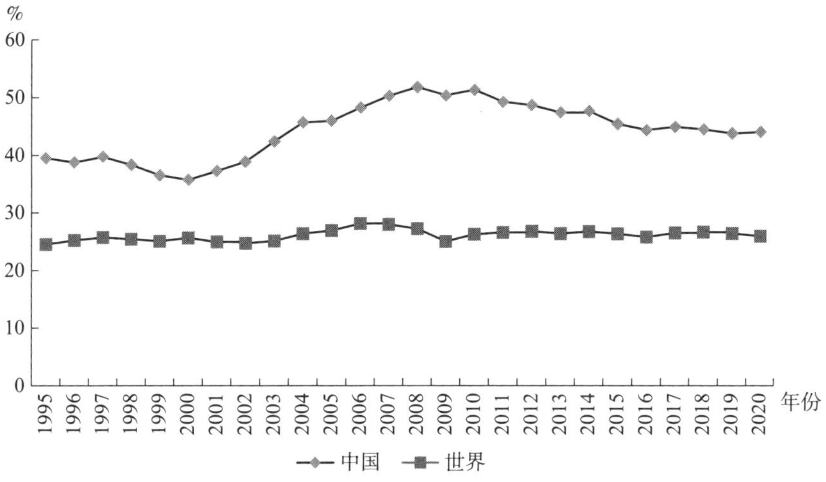

图 3-3　1995—2020 年中国与世界储蓄率的变化

资料来源：世界银行数据库。

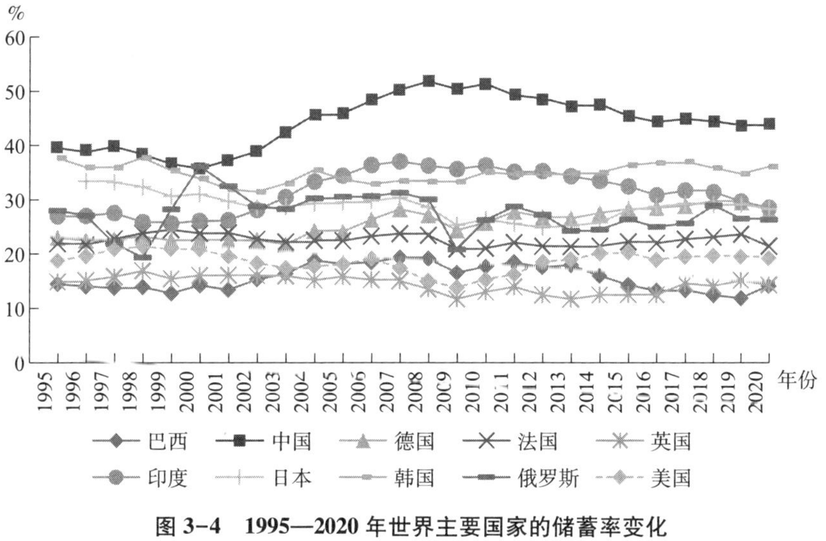

图 3-4　1995—2020 年世界主要国家的储蓄率变化

资料来源：世界银行数据库。

储蓄率上升是我国经济发展过程中的必然规律。回顾历史可以发现，绝大多数发展中国家经历过高储蓄率阶段。受文化的影响，亚洲国家国民储蓄率较高的现象更为普遍。近年来，受经济增长从投资驱动向消费驱动转移等因素的影响，我国储蓄率有所下降，但降幅较为平缓，并未出现断崖式下跌。从历史经验来看，储蓄率下降是一个逐步、漫长的过程。

3.1.3 居民储蓄率的城乡变化

从图 3-5 中可以看出，我国城镇居民储蓄率在 1998—2020 年整体呈现上升趋势，除在个别年份出现小幅振荡外，其他年份均稳定上升。城镇居民储蓄率在 2014 年略有下降，之后至 2019 年均相对稳定，在 2020 年明显上升。农村居民储蓄率 1998—1999 年呈现快速上涨趋势，2000—2004 年相对平稳，2005 年有明显下降，之后小幅上升，2009 年略微下降，2010 年再次升高，这个历史高位出现的时间与国民储蓄率保持了一致，到 2013 年一直较为稳定，之后出现明显下降，直到 2020 年，又开始上升。

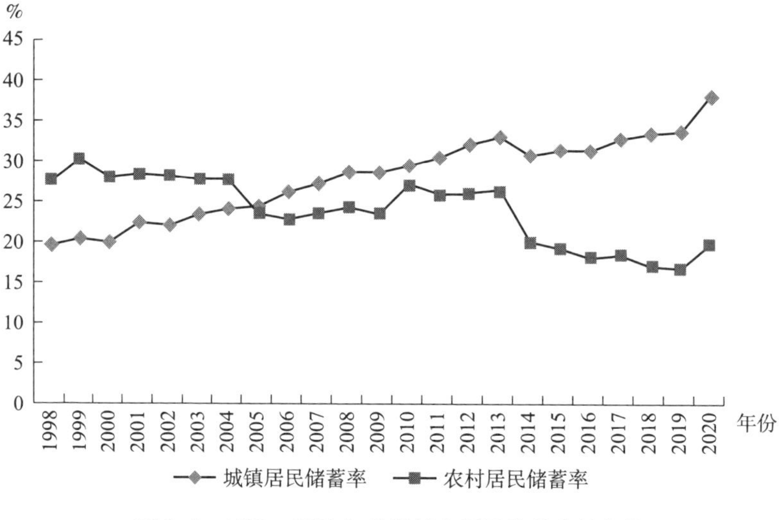

图 3-5　1998—2020 年我国城乡居民储蓄率的变化

资料来源：《中国统计年鉴》（2021）。

城乡居民储蓄情况差异较大。2004 年之前，农村居民储蓄率显著高于城镇居民储蓄率，2005—2020 年，城镇居民储蓄率一直高于农村居民储蓄率。城乡居民储蓄率的差距从 2013 年开始拉大，2014 年之后城镇居民储蓄率和农村居民储蓄率呈现出完全相反的变化趋势，到了 2020 年，两者的变动情况又开始趋同。

3.2　人口结构变化

居民储蓄率的变化受到诸多因素的影响，如家庭收入水平、家庭成员人口结构、预防动机、消费习惯、教育和医疗政策、社会保障制度等。收入是家庭中对储蓄起决定作用的主要因素这一观点已经得到许多学者和专家的证实。按照凯恩斯的绝对收入理论，家庭的储蓄水平在一定程度上是收入水平的增函数，收入水平对居民储蓄率具有决定性的作用。人口结构作为影响居民储蓄率的另一个重要因素，也受到广泛关注，然而由于研究方法和研究视角的差异，对于人口结构和居民储蓄率的关系，并未得到较一致的结论。生命周期理论把人的一生分成了三个时期，分别为年轻时期、中年时期和老年时期。他认为，年轻时期收入较低，消费在收入中的占比高，储蓄很少或没有储蓄；中年时期，随着收入水平的提高，消费会增加，但消费的边际倾向开始减少，储蓄会随着收入水平的提高而增加；到了老年时期，收入开始减少，消费在收入中的占比又会上升，导致储蓄下降。可见，不同的年龄结构会对家庭的消费和储蓄产生不同影响，这为本章探讨人口结构与居民储蓄率的关系提供了理论依据。

改革开放初期，我国人口经历了高出生率、高死亡率的阶段，21 世纪的最初几年，开始向低出生率、低死亡率和高老龄化转变。我国的人口结构较之前发生了巨大变化，劳动力人口的变化将带来收入的变化，且不同年龄结构和性别结构的个体在消费行为和储蓄行为上存在较大差异。人口结构的变化会带来消费和储蓄的变化，进而影响居民储蓄率。

从图 3-6 中可以看出，居民储蓄率的变动与家庭人口结构的变动之间存在较为显著的关系。从 2000 年起，我国的劳动力人口占比开始呈现较强的持续上升趋势，相应地，储蓄率自 2000 年起止跌回升；2010 年劳动力人口占比达到峰值后开始下跌，与此相对应，2010 年居民储蓄率达到最高值后也开始下降。

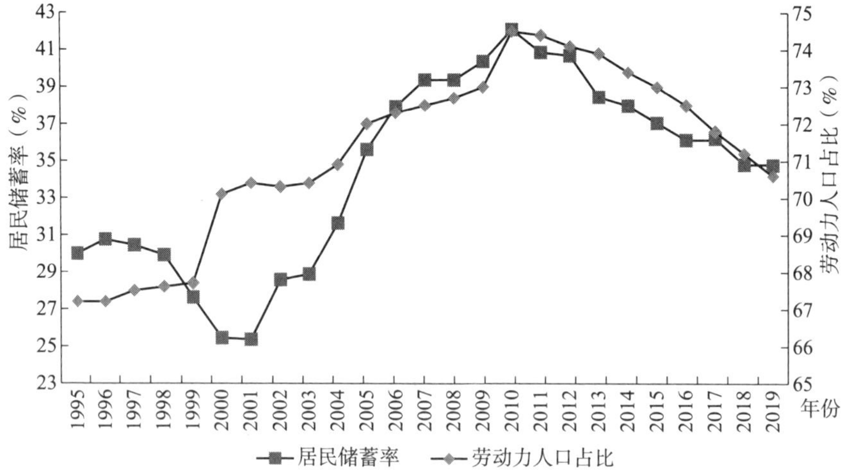

图 3-6　1995—2019 年我国居民储蓄率与劳动力人口占比

资料来源：《中国统计年鉴》(2020)。

3.2.1　人口结构总体特征

人口结构是按不同的标准对人口进行划分的结果，具体来说，可以从年龄、性别、民族、居住地，婚姻、文化程度、职业和宗教信仰等方面加以区分。根据人口构成因素的特点和作用，人口构成有多种分类方式。常见的人口构成有三大类：人口自然构成、人口地域构成和人口社会构成。其中，人口自然构成将人口按照生理属性划分为年龄构成与性别构成。在人口构成的各个影响因素中，年龄和性别是最基本和核心的影响因素。

中华人民共和国成立初期，我国人口数量为 5 亿多。随着社会的不断发展和趋于稳定，我国人口也在不断增长，并且经历了从高出生率、高死亡率、低增长率到高出生率、低死亡率、高增长率的演变过程。国家统计局公布的第三次全国人口普查数据显示，1982 年 7 月，我国人口增长突破 10 亿关口。随着改革开放后经济的迅猛发展，人们的生活条件有了较大改善，医疗卫生条件也大大提高，居民的预期寿命逐渐增加。为了应对人口的过快增长，我国实行了计划生育政策，旨在“控制人口数量，提高人口质量”。此后，我国的人口结构发生了较大变化：一方面，人口出生率开始走低；另一方面，出生人口的性别比例出现失衡。计划生育政策实施以后，我国的人口增长得到了有效控制，但新的问题不断涌现，如人口出生率出现断崖式下跌、人口老龄化加剧。

随着改革开放进程的不断加快，城镇化程度不断加深，城镇和农村人口的数量也发生了巨大变化。1978 年，我国城镇人口数量为 1.7 亿，在总人口中的占比不到 20%，只有同期农村人口的 1/4，到了 2010 年，城镇人口数量激增到 6.6 亿，增长了近 3 倍，在总人口中的占比接近 50%，和农村人口数量旗鼓相当。2011 年，我国城镇人口在总人口中的占比超过 51%，首次超过农村人口，这也是我国人口结构变化的一个显著特点。

城镇化进程的不断加快，流动人口的不断增加，以及我国经济发展的地区不平衡，使得人口逐渐向东南沿海经济带流动，而西部不发达地区的人口流出现象较为严重，从而使我国的人口流出呈现出明显的区域不平衡趋势。第七次全国人口普查数据显示，2020 年我国 31 个省份中，流动人口数量高达 3.76 亿，占总人口的 1/4 还多。该数据与 2010 年第六次全国人口普查相比，流动人口净增量为 1.15 亿人，流动人口增长率超过 44%。据《国家人口发展规划（2016—2030 年）》的预测，在目前人口迁移政策相对稳定的情况下，到 2030 年我国农村流入城镇人口将累计达到 2 亿。

本书根据国家统计局《中国统计年鉴》（2021）中我国的人口自然增长率、出生率和死亡率（自然增长率 = 出生率 − 死亡率）数据，绘制出图 3-7。从图 3-7 中可以看出，我国的出生率呈现持续下降的态势，具体可以分为三个阶段。

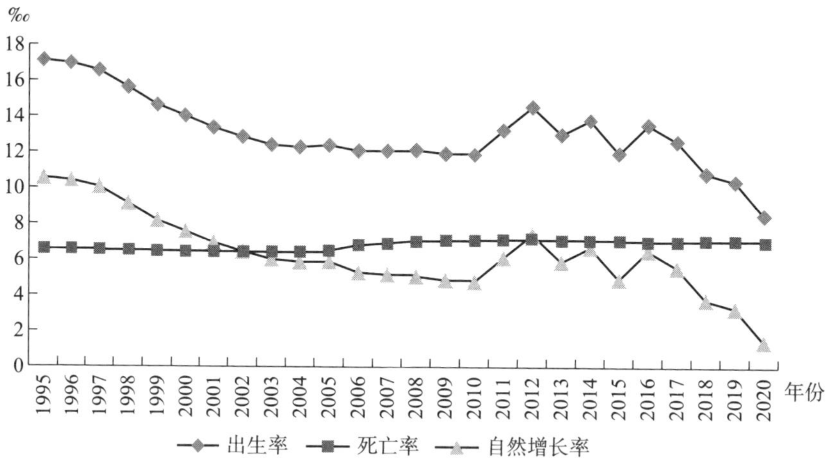

图 3-7　1995—2020 年我国人口出生率、死亡率和自然增长率的变化

资料来源：《中国统计年鉴》(2021)。

第一阶段为 1995—2005 年。这个阶段我国的人口出生率持续下降，1995 年最高，为 17.12‰，2005 年降至 12.40‰，但人口出生率的下降趋势开始趋于平缓。人口死亡率基本平稳，其中，1995 年为 6.57‰，2005 年为 6.51‰。人口自然增长率曲线的变化与人口出生率趋于一致，1995 年为 10.55‰，2005 年降至 5.89‰，整体处于下行趋势。

第二阶段为 2006—2016 年。从 2006 年起，我国人口出生率延缓了之前下跌的势头，趋于平稳后出现小幅上升趋势。2006 年的人口出生率为 12.06‰，至 2010 年基本稳定，2012 年上涨至 15‰。这可能得益于我国人口政策的转变。自 2013 年起，国家陆续在有条件的省份实施单独两孩政策试点。受到人口政策调整信号的影响，人口出生率表现出先于政策提前变化的趋势，2012—2016 年呈现出振荡上升和下降的变化趋势。人口死亡率自 2006 年起小幅上升。2006 年人口死亡率为 6.81‰，较 2005 年的 6.51‰上升了 0.3 个千分点，自 2008 年起，人口死亡率突破 7‰大关，截至 2016 年一直保持在 7‰以上。在此期间，人口出生率和自然增长率变动明显，人口死亡率相对比较稳定。

第三阶段为2016年以后。这一阶段，人口出生率和人口自然增长率均出现明显的下降趋势，且呈现出下降幅度大、速度快、持续时间长的特点。人口死亡率在2016年之后稳中略有上升，保持在7‰以上相对稳定的状态。

自1978年实施计划生育政策到20世纪90年代，我国的人口基数基本稳定，2005年之后的整体趋势为低出生率、低死亡率及由此导致的低人口自然增长率。从整个人口转变过程来看，西方工业化国家的人口大多经历了自发缓慢的人口转变，而我国的人口结构转变是在政府的计划生育政策干预下完成的。尽管我国和西方工业化国家最终的人口变动都趋于稳定，但转变过程具有明显的差异性。

3.2.2　年龄结构

我国人口年龄结构变化的主要原因有两个：一是自然原因，即人口出生率及死亡率的自然变动导致人口年龄结构的变化。自然原因对人口年龄的影响比较固定，决定着人口数量的变化，不过人口数量的变化也受一定时期人口政策的影响。二是人为原因，主要体现为人口的跨地区迁移，如从不发达地区向发达地区迁移、从农村向城镇迁移等。1987—2020年我国人口年龄结构变化见表3-1。

表 3-1　1987—2020 年我国人口年龄结构变化

年份	总人口（万人）	0~14 岁		15~64 岁		65 岁及以上	
		数量(万人)	比重（%）	数量(万人)	比重（%）	数量(万人)	比重（%）
1987	109 300	31 347	28.7	71 985	65.9	5 968	5.5
1990	114 333	31 659	27.7	76 306	66.7	6 368	5.6
1991	115 823	32 095	27.7	76 791	66.3	6 938	6.0
1992	117 171	32 339	27.6	77 614	66.2	7 218	6.2
1993	118 517	32 177	27.2	79 051	66.7	7 289	6.2
1994	119 850	32 360	27.0	79 868	66.6	7 622	6.4
1995	121 121	32 218	26.6	81 393	67.2	7 510	6.2

续表

年份	总人口（万人）	0~14 岁		15~64 岁		65 岁及以上	
		数量（万人）	比重（%）	数量（万人）	比重（%）	数量（万人）	比重（%）
1996	122 389	32 311	26.4	82 245	67.2	7 833	6.4
1997	123 626	32 093	26.0	83 448	67.5	8 085	6.5
1998	124 761	32 064	25.7	84 338	67.6	8 359	6.7
1999	125 786	31 950	25.4	85 157	67.7	8 679	6.9
2000	126 743	29 012	22.9	88 910	70.2	8 821	7.0
2001	127 627	28 716	22.5	89 849	70.4	9 062	7.1
2002	128 453	28 774	22.4	90 302	70.3	9 377	7.3
2003	129 227	28 559	22.1	90 976	70.4	9 692	7.5
2004	129 988	27 947	21.5	92 184	70.9	9 857	7.6
2005	130 756	26 504	20.3	94 197	72.0	10 055	7.7
2006	131 448	25 961	19.8	95 068	72.3	10 419	7.9
2007	132 129	25 660	19.4	95 833	72.5	10 636	8.1
2008	132 802	25 166	19.0	96 680	72.8	10 956	8.3
2009	133 450	24 659	18.5	97 484	73.1	11 307	8.5
2010	134 091	22 259	16.6	99 938	74.5	11 894	8.9
2011	134 735	22 164	16.5	100 283	74.4	12 288	9.1
2012	135 404	22 287	16.5	100 403	74.2	12 714	9.4
2013	136 072	22 329	16.4	100 582	73.9	13 161	9.7
2014	136 782	22 558	16.5	100 469	73.5	13 755	10.1
2015	138 326	22 824	16.5	100 978	73.0	14 524	10.5
2016	139 232	23 252	16.7	100 943	72.5	15 037	10.5
2017	140 011	23 522	16.8	100 528	71.8	15 961	11.4
2018	140 541	23 751	16.9	100 065	71.2	16 724	11.9
2019	141 008	23 689	16.8	99 552	70.6	17 767	12.6
2020	141 212	25 277	17.9	96 871	68.6	19 064	13.5

资料来源：《中国统计年鉴》（2021）。

注：由于统计年鉴中未给出 1988 年和 1989 年数据，故未列出。

由表 3-1 可知，改革开放以来，我国人口总体呈上升趋势，从 1987 年的 10 亿人增加到 2020 年的 14 亿人，增幅为 40%。这一时期不同年龄段人口比重变化（见图 3-8）趋势明显，其中，0～14 岁少儿在总人口中的比重呈逐年下降趋势，从 1987 年的 28.7%下降到 2020 年的 17.9%，下降幅度超过 37.6%，可能是受到我国计划生育政策和经济增长的双重影响。劳动力人口数量呈现出先上升后下降的趋势，从 1987 年的 7 亿多人增加到 2011 年的 10 亿多人，增幅为 42.9%，同时劳动力人口在总人口中的比重在 2010 年之后开始逐年下降，之后，劳动力人口数量也在 2015 年迎来了下降的拐点。与此同时，老年人口数量呈现出不断增加的趋势（见图 3-9），从改革之初的 5 000 多万人到 2005 年突破 1 亿人，2016 年超过 1.5 亿人，2020 年接近 2 亿人，我国人口的老龄化现象逐年加剧。通过对各年龄段人口变化情况进行分析，可以看出我国人口结构变动的显著特征：劳动力人口数量和比重双重下降，老年人口比重持续上升和少儿人口比重逐年下降。

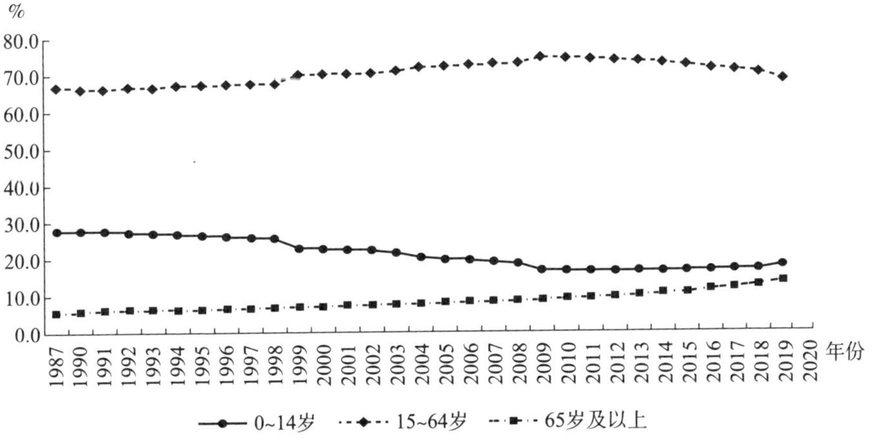

图 3-8　1987—2020 年我国不同年龄段人口比重变化

资料来源：《中国统计年鉴》（2021）。

注：由于统计年鉴中未给出 1988 年和 1989 年数据，故未列出。

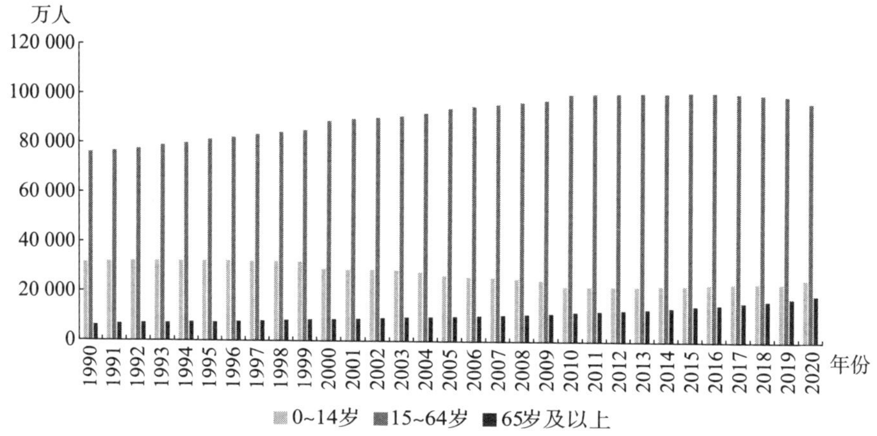

图 3-9　1990—2020 年我国不同年龄段人口数量变化

资料来源：《中国统计年鉴》(2021)。

我国人口年龄结构呈现出以下五个特点：

(1) 老年人口数量大，人口老龄化趋势显著

国际劳工组织将一个国家的人口按照年龄划分为少儿人口（0~14 岁）、劳动力人口（15~64 岁）和老年人口（65 岁及以上）。第六次全国人口普查数据显示，我国的人口出生率从 1995 年的 18‰下跌到 2010 年的 12‰，与此同时，老年人口占比从 6.2%上升到 8.9%。按照联合国 1956 年出版的《人口老龄化及其经济社会影响》一书的划分标准，一个国家 65 岁及以上人口在总人口中的比重超过 7%则属于老年型社会。一般将老年人口比重为 7%称为轻型老年型社会，将老年人口比重为 10%~15%称为中型老年型社会，而老年人口比重超过 20%的则为重型老年型社会。1982 年，我国 65 岁及以上人口的比例为 4.6%，到 2010 年，这一比例上升为 8.9%；65 岁及以上人口从 1982 年的不到 5000 万人增加到 2020 年的 1.9 亿人，老龄化比例增至 13.5%。我国是世界上唯一老年人口过亿的国家，老年人口约占全球老年人口的 1/4。

按照联合国对老龄社会的划分（65 岁及以上人口占比达 7%），我国从 2000 年就进入了老年型社会的行列，且老龄化程度有不断加剧的趋势。

根据第七次全国人口普查结果，我国少儿人口比重有所回升，生育政策调整取得了积极成效，与 2010 年第六次全国人口普查结果相比，15~64 岁人口的比重下降了近 6 个百分点，65 岁及以上人口比重达到 13.5%，人口老龄化程度进一步加深，未来一段时期将持续面临人口长期均衡发展的压力。

（2）老龄化发展趋势超前

随着经济水平的不断提升，人们生活水平日益提高，医疗卫生条件也在提高，居民的预期寿命不断增加。根据国际惯例，人口老龄化的现象在发达国家表现得尤为突出，这主要是因为发达国家有着相对较高的经济发展水平，居民人均收入水平也较高，医疗保健制度较完善，居民人均寿命延长。因此，人口老龄化一般表现出“先富后老”或者“富与老同步”的特点。但是，人口老龄化现象在我国却表现出不同的特征。我国经济体量虽然较大，但人口基数较大的事实不容忽视，因此人均收入水平的提升非常有限。我国第五次全国人口普查数据显示，人均 GDP 仅为 840 美元，而老龄化率在这一时期接近 7%，相当于世界平均水平的 16%；而同时期的日本，65 岁及以上人口占比同为 7%，但人均 GDP 接近 2000 美元。相比之下，我国人均 GDP 仅为日本人均 GDP 的 42%。尽管近些年我国经济发展迅猛，人均 GDP 增幅明显（第六次全国人口普查数据表明，我国人均 GDP 增加到了近 4400 美元的水平），世界排名有小幅上涨，但从世界范围来看，我国人均 GDP 仍处于较低水平。第七次全国人口普查数据显示，尽管我国人均 GDP 已突破 1 万美元大关，但在全球排名为 60，在人口超过千万国家的人均 GDP 排名中，也仅排在第 23 位，低于新加坡、日本、韩国，不足美国的1/6。因此，我国人口结构与经济增长呈现出“未富先老”的特点，随着老年人在总人口中比重的进一步提高，人口结构必然会给整个经济社会发展带来更大的挑战。

（3）人口出生率持续走低，少儿人口比重下降

1982 年我国少儿人口数量为 3.4 亿人，在总人口中的比重约为 34%，

这一时期的人口出生率为22‰。到了2020年，少儿人口数量仅为2.5亿人，降幅超过26%，在总人口中的比重也下降为17.9%，同时期的人口出生率为9‰。2013年以后，由于受到人口政策调整的影响，少儿人口比重上升，但幅度非常小，到2020年，尽管少儿人口占比上升到了17.9%，仍显著低于2009年以前的水平。从少儿人口数量和人口出生率的变动情况可以看出，随着经济社会的不断发展，医疗技术水平的不断提高，社会保障制度的逐渐完善，人们的生活水平有了很大提高，但居民的生育意愿却开始下降，最主要的表现是人口出生率的持续下降。这一现象与发达国家的人口出生率有相似之处，人们的生育意愿与经济发展水平和生活水平呈现负相关的关系。按照目前的人口政策，出生率如果不发生转折性的变化，少儿人口比重会进一步下降。我国与发达国家的不同在于经济发展面临着“未富先老”的困境，因此人口结构中少儿人口数量的减少与老年人口数量的增加会给整个经济社会发展带来前所未有的考验。基于此，国家开始实施全面两孩政策，旨在进一步遏制人口出生率持续走低和少儿人口比重逐年下降的局面，同时调整我国人口结构。但是，该政策自2016年1月1日实施以来，效果并不理想，我国人口中青少年人口数量减少明显，人口结构失衡的局面并未从根本上改变。

（4）劳动力人口基数大，增长速度趋缓

我国一般将15~59岁的人口定义为劳动力人口，而国际劳工组织规定的劳动力人口为15~64岁。为了分析数据的可得性及便于进行国际比较，本书分析中的劳动力人口统一按照国际劳工组织的规定，即劳动力人口指15~64岁人口。一般来说，劳动力的供给情况决定了一个国家的经济发展状况。我国的劳动力供给在2010年以前呈持续上升趋势，2010年以后我国劳动力人口比重下降。第五次全国人口普查数据显示，劳动力人口在总人口中的比重高达74.5%，之后这一比重开始下降。第七次全国人口普查数据显示，劳动力人口在总人口中的比重已下降为68.55%，随着我国人口老龄化的不断加剧，劳动力人口数量的下降将会更加明显（见图 3-10）。

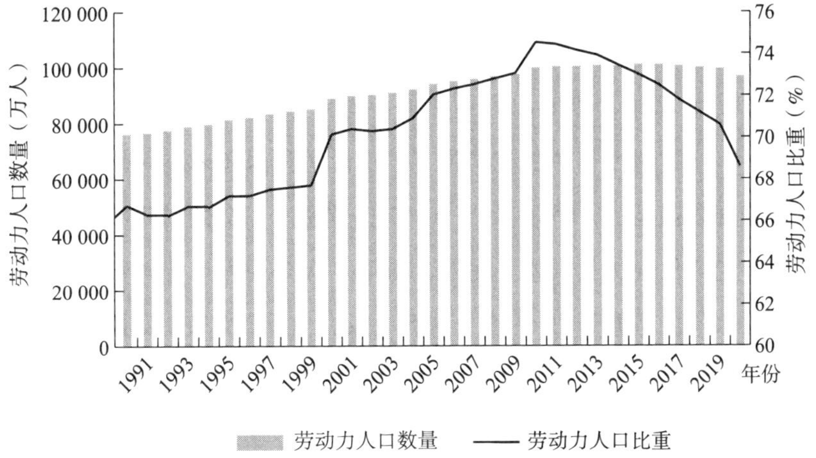

图 3-10　1990—2020 年我国劳动力人口数量及比重

资料来源：《中国统计年鉴》（2021）。

（5）人口年龄结构地区差异明显

改革开放之后，我国政府倡导渐进式的经济发展策略。一方面，从理论和政策层面进行渐进式的改革；另一方面，在经济建设和经济发展层面主张从经济特区到沿海开发区再到内地的渐进式发展，在此之后，我国经济呈现出明显的区域发展不平衡的特点。不同地区和省份的经济规模相差较大，人口结构也出现了明显的不平衡（见表 3-2）。

表 3-2　2020 年我国 65 岁及以上人口比重分布情况

65 岁及以上人口比重	省份
大于 20%	无
14%～20%	辽宁、重庆、四川、上海、江苏、黑龙江、吉林、山东、安徽、湖南、天津、湖北
7%～14%	河北、河南、陕西、北京、浙江、内蒙古、山西、甘肃、广西、江西、贵州、福建、云南、海南、宁夏、青海、广东、新疆
7%以下	西藏

资料来源：《中国统计年鉴》（2021）。

根据第七次全国人口普查的最新数据，我国 31 个省份中，65 岁及以上人口比重低于 14%的省份有 19 个，除北京、浙江、江西、福建和广东外，其余均为中、西部不发达省份；65 岁及以上人口比重超过 14%且低于 20%的省份有 12 个，除四川和重庆外，均为东部经济较发达地区；65 岁及以上人口比重超过 20%的省份没有。这说明我国还未进入高度老龄化社会，但普查数据显示，65 岁及以上人口比重超过 17%的省份有 2 个，表明我国人口老龄化现状不乐观。此外，与第六次全国人口普查数据相比，65 岁及以上人口比重低于 7%的省份从 5 个减少为 1 个，表明我国已基本全面进入老龄化时代。由此可见，我国不仅面临人口老龄化不断加剧的局面，还要面对人口老龄化严重的地区不均衡状况。

3.2.3 性别比例

性别比例是人口结构的另一个关键因素。从生物学的角度来看，人类繁衍过程中生育男性后代和女性后代的概率是相同的。从世界范围来看，大多数国家和地区的性别比例大致相同，少数国家的人口性别比例出现非均衡的情况，如印度、泰国、卡塔尔、拉脱维亚、乌克兰、摩尔多瓦等，我国也在人口性别比例失衡的国家之列。

从 20 世纪 80 年代开始走高的出生人口性别比①导致各年龄段人口的性别比例均出现了明显失衡。根据第六次全国人口普查数据，在 70~74 岁高龄组中，女性人口数量比男性人口数量多，中间年龄段和底部年龄段男性人口数量都比女性人口数量多，尤其是底部，婴幼儿期的人口中男性人口数量明显多于女性，表明出生人口性别比失衡有加剧的趋势。

第七次全国人口普查结果表明，我国男性人口数量为 7.23 亿人，女性人口数量为 6.88 亿人，在总人口中的比重分别为 51.24%和 48.76%。将

① 出生人口性别比是全国人口普查工作中的一项数据，指一定时期内出生男婴总数与女婴总数的比值，通常用每 100 名女婴所对应的男婴数来表示。

女性人口数量作为基数，人口性别的总体比为 105.07，比 2010 年略有下降，这一比例从改革开放以来一直保持在 106 左右。我国人口性别比例不均衡主要表现为出生性别比例明显偏高。随着医疗技术水平的不断提高，新生儿的性别鉴定手段日趋完善，20 世纪 80 年代以来，新生儿医学性别鉴定屡见不鲜。尽管政府出台了相关政策禁止非医学需要的新生儿性别鉴定，然而新生儿的性别选择现象仍比较普遍，尤其是在一些重男轻女思想严重的省份和地区。根据联合国的相关标准，新生儿出生性别的正常比例为 102~107，而我国从 1982 年开始新生儿出生性别比例就接近 109。随着计划生育政策的实施，一个家庭只能生育一个孩子，出生性别比例失衡进一步加剧，1986 年出生人口性别比例达到 112，到 1997 年，该比例甚至超过 120。

从图 3-11 中可以清晰看出，1995—2019 年，仅 1996 年我国男性人口比重下降至 51%以下，相应地，当年男女性别比例达到了历史低位 103.33，其余年份的男性人口比重一直在 51%以上，女性人口比重持续下跌。截至 2000 年，男性人口比重和女性人口比重分别达到 51.63%和 48.37%的历史高位和历史低位，男女性别比例为 106.74。之后，男性人口比重和女性人口比重均相对稳定，但差距仍然较大。2010—2019 年男性人口比重有所下降，女性人口比重出现一定上升，二者的差距不断缩小，2020 年男性人口比重在经历连续 9 年下降之后又有所上升。

出生人口性别比在城镇和农村也具有明显的差异。总体而言，我国农村出生人口性别比要大于城镇。2005 年的 1%人口抽样调查数据显示，城镇出生人口性别比为 117.1，农村人口出生性别比高达 122.8。将城镇化的因素考虑进去，未来人口有从农村向城镇流动的趋势，从而有可能导致城镇人口的性别比例进一步升高。需要注意的是，我国 31 个省份的出生人口性别比也不尽相同。根据第七次全国人口普查数据，出生人口性别比高于 120 的省份有 2 个，其中，海南省的出生人口性别比为 122，是此轮普查中

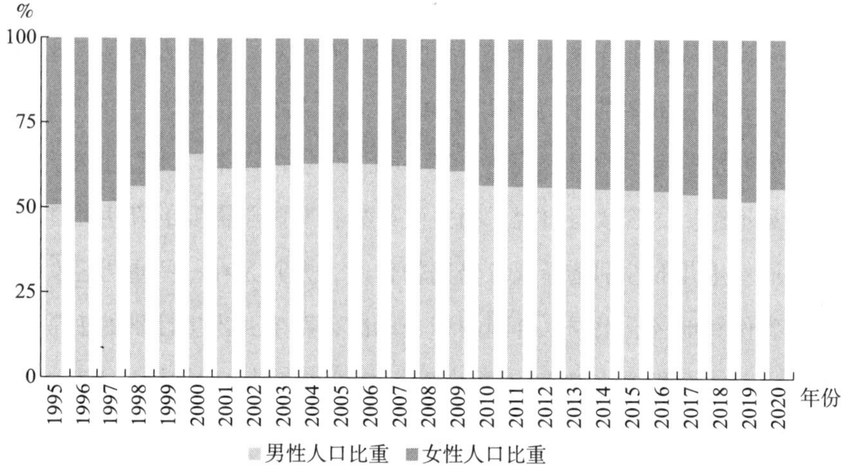

图 3-11　1995—2020 年我国人口性别比重

资料来源：《中国统计年鉴》(2021)。

出生人口性别比最高的省份；出生人口性别比为 110~120 的省份有 9 个；出生人口性别比低于 109 的省份有 20 个。与第六次全国人口普查数据相比，第七次全国人口普查数据中的出生人口性别比例变化比较明显，出生人口性别比高于 120 和介于 110 与 120 之间的省份大大减少，出生人口性别比低于 109 的省份达到 20 个。尽管我国出生人口性别比较高的地区有所减少，但从全国来看，出生人口性别比平均数值为 111，仍然高于我国在“十二五”期间制定的将出生人口性别比降到 105 以下的人口政策目标。

我国较高的出生人口性别比引起了广泛的关注。2012 年，国家人口计生委、卫生部等六部门联合下发了《关于将 2012 年确定为“出生人口性别比重点治理年”的通知》，要求各省份和地区重视出生人口性别比例失衡问题，将出生人口性别比例不均的治理提上日程，并制定了将出生人口性别比降到 105 以下的“十二五”时期的人口政策目标。由此可简单总结出我国出生人口性别比的三个特点：

（1）出生人口性别比偏高具有普遍性

从第七次全国人口普查数据来看，我国目前有近1/3的地区出生人口性别比在联合国的标准之内，其他地区均高于107，人口出生性别比例全国平均值为111，有32.25%的地区出生人口性别比例超过全国平均水平，剩下35.48%的地区出生人口性别比虽低于全国平均值，但明显高于联合国103~107的标准。由此可见，我国的出生性别比例偏高并不是少数地区所面临的问题，而是全国普遍存在的问题。

（2）出生人口性别比例失衡存在地区差异

我国性别比例失衡的地区呈现出东南高、西北低的特点，地区差异明显。根据第七次全国人口普查的情况，我国出生性别比例较高的有10个省份，分别是安徽、福建、江西、山东、湖北、湖南、广东、广西、海南和贵州，除贵州外，其余地区均为东南省份，人口出生性别比例超过120的省份为江西和海南，其中，海南省人口出生性别比达到122，远远超出107这个正常范围的上限。

（3）高出生人口性别比有扩大趋势，从沿海向内陆扩散

早在1984年，我国就有地区出生人口性别比高出了107，但还不是普遍现象。到了1990年，出生人口性别比高于107的地区已经出现在全国大部分省份，浙江和广西有的地区该比例甚至高于130。到了2000年，河南、安徽、海南和江西四省出生人口性别比也都超过了130。通过比较可知，我国西部、中部和东部地区的出生人口性别比依次上升。从某种程度上说，出生人口性别比提高在我们的预期之内。自古我国就有重男轻女的观念，总觉得养女孩是给别人家养的，男孩才是自己家的，所以总体来说，大部分家庭还是偏向于要男孩的。在2016年两孩政策出台前，生男孩更是家庭第一胎的首选。尽管随着人口政策的调整，生育子女的数量不再受到严格限制，但养育孩子的成本成为家庭选择生育需要首要考虑的因素。随着现代科学技术的进步，先进医疗设备的普及为准确鉴定胎

儿的性别提供了技术支持。医疗卫生条件的改善降低了男婴的死亡率，也在无形中提高了男女性别比例，人为的性别选择更是加剧了这种不平衡。

3.2.4 人口的城乡变化

从图 3-12 中可以看出，人口的城乡变化呈现出较明显的线性趋势。我国农村人口比重从 1995 年的 70%一路下降到 2020 年的 40%以下，与之相对应，城镇人口比重从 1995 年的不到 30%一路飙升到超过 60%，城镇人口比重和农村人口比重在 2010 年前后基本相等。从人口绝对数差额（见图 3-13）来看，1995 年我国农村人口比城镇人口多 5.07 亿人，此后差额逐年快速缩小，2010 年全国城乡人口数量基本相等，此后城镇人口继续增加，到了 2020 年，已比农村人口多出 3.92 亿人。由此可以看出，我国的人口变动具有明显的城乡差异，符合城镇化发展的实际。

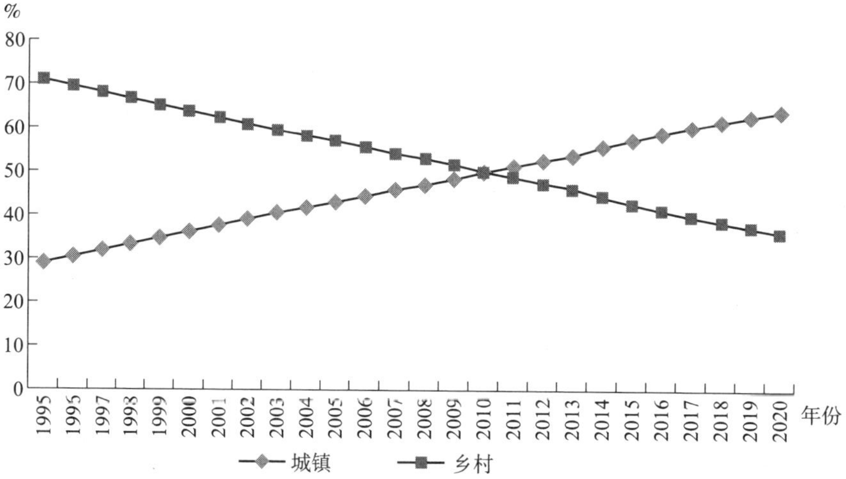

图 3-12　1995—2020 年我国城乡人口比重变动

资料来源：《中国统计年鉴》（2021）。

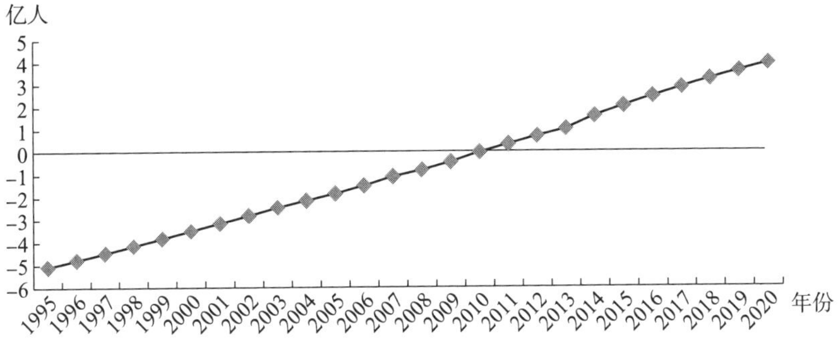

图 3-13　1995—2020 年我国城镇人口与农村人口差额

资料来源：《中国统计年鉴》（2021）。

经过早期对城镇化过程的模拟和试错，人们发现了城镇化水平随时间推移而提高的规律。1974 年，联合国在《城乡人口预测方法》中提出城镇化水平随时间推移而提高的“S”形变化规律，其核心思想有两点：其一，确立“城乡人口增长率差”（URGD）作为城镇化速度的考核指标；其二，放弃传统的复利增长率方法，采用指数形式计算城乡人口增长率。假定“城乡人口增长率差”不变，则城镇化水平曲线表现为一条由 0 到 1 向右上倾斜的“S”形曲线。

城镇化进程可分为三个阶段。城镇化水平为 25%～30%迎来第一个拐点，城镇化水平为 60%～70%迎来第二个拐点。在第一个拐点来临之前，城镇化水平处于起步阶段；第二个拐点之后，城镇化水平进入稳定阶段；两个拐点之间的第二个阶段可称为城镇化的快速发展阶段；1995—2020 年，我国的城镇化处于两个拐点之间的第二个发展阶段，故整体体现为快速上升。

改革开放以来，我国城乡结构剧变的主要原因在于我国经济体制的转变。我国在由计划经济向市场经济转型的过程中，工业化高速发展，大量人口从农村向城镇迁移。人口流动方向、流动形式和流动强度是我国城乡人口结构变化的核心。随着改革开放的不断深入，我国的工业化进程不断加快，人口结构变化表现出显著的城乡两极分化特征。一方面，由于工业化和城镇化的客观要求，大量农业人口向非农人口转变；另一方面，改革的不同步调带来城乡经济增长的差异，我国东南沿海地区人口增长迅速，西北部地区的人口增长缓慢。大量的流动人口在为我国的人口红利创造有利条件的同时，也对我国发展提出了新的挑战。与城镇充裕劳动力相对应的是，我国一些偏远农村地区的留守妇女、留守儿童和留守老人问题加剧。随着农村青壮年劳动力外流、农村人口年龄结构变动和不同代际空间选择的变化，农村老龄化问题比城镇更加突出。

3.3 人口结构变化与居民储蓄率的关系

生命周期理论是研究人口结构与储蓄率关系的经典理论。该理论认为，人口增长率和人口结构是储蓄率的决定因素。居民储蓄率不仅受到人口增长因素的影响，还受到人口结构变化的影响。但是，人口结构对居民储蓄率的具体影响是否完全符合生命周期理论的假设，已经受到越来越多学者的质疑，主要表现在以下三个方面：①该理论的假设与实际生活的具体情况有一定的出入。②中年时期的收入水平应该比年轻时期高，但是消费在收入中的变化情况需要进一步讨论。中年时期要面对人生当中非常艰难的“上有老、下有小”问题，尽管收入水平增加了，但是消费也会增加，而且消费增加的比例大于或小于收入增加的比例是一个相对复杂的衡量过程。③老年时期收入水平下降的假设是指随着退休和劳动力技能的退化，劳动性收入减少，并没有考虑财产性收入的情况。按照目前经济生活的实际情况，尽管老年时期退休金可能比没有退休的时候低，但由于有了一生的财富积累，老年时期的财产性收入可能在收入中占有较大比重，因此，不能必然得出老年时期收入水平下降的结论。生命周期理论并没有将财产性收入作为影响收入的重要因素进行考虑，莫迪利安尼和布伦伯格提出该理论时的社会保障制度和具体国情与我国的实际存在较大差异。基于以上理由，人口结构和居民储蓄率之间的关系会受到具体国情、社会保障制度、经济政策等的影响，人口结构对居民储蓄率的影响将通过消费结构的变化来体现。因此，本书对人口结构和居民储蓄率之间关系的讨论主要通过人口结构对居民家庭消费结构的影响来进行。

3.3.1　家庭消费结构概述

居民消费支出是指居民用于满足家庭日常生活消费需要的全部支出，既包括现金消费支出，也包括实物消费支出。国民收入核算中将居民消费归纳为八大类，分别为食品、衣着、家庭设备用品及服务、医疗保健、交通通信、娱乐教育文化、居住和杂项商品与服务。为了便于统计，考虑到数据的可得性和一致性，本书的居民消费支出也主要从这八大类进行分析。

（1）食品支出

食品支出是指用于各种食品和烟草、酒类的支出。随着人均消费支出的增加，食品支出呈不断上升趋势，但相对数表现出不断下降的趋势。随着收入水平的不断提高，食品支出在收入中的占比将逐渐下降，这与恩格尔系数的变化规律一致。

（2）衣着支出

衣着支出是指与居民穿着有关的支出，包括服装、服装材料、鞋类、其他衣类及配件、衣着相关加工服务的支出。生活水平提升之后，人们从追求物质满足逐渐向追求精神满足转变。在物资匮乏年代，衣着是人们御寒和保暖的基本生存需要，衣着支出在总支出中的占比仅次于占比最高的食品。随着消费支出的增加，衣着支出也在增加，但其在总支出中的占比变化不大，基本保持稳定。

（3）家庭设备用品及服务支出

家庭设备用品及服务支出是指家庭及个人的各类生活品及家庭服务支

出，具体包括家具及室内装饰品、家用器具、家用纺织品、家庭日用杂品、个人用品和家庭服务等方面的支出。家庭设备用品及服务是家庭生活水平提升的重要物质基础，该方面的支出在家庭消费中占据重要位置。在消费支出增加的同时，家庭设备用品及服务支出也有所增加，但其增加的绝对数值不及总消费增加得快，呈现出与消费支出反方向变动的趋势，即随着消费支出的增加，家庭设备用品及服务消费支出比例会不断下降。

（4）医疗保健支出

医疗保健支出是指用于医疗和保健的药品、用品和服务的总费用，具体包括医疗器具及药品，以及医疗服务等方面的支出。医疗保健支出是家庭支出中金额较小的一个类别，随着支出水平、医疗保障制度的变化及人口老龄化趋势的加剧，该项支出呈现出不断增加的趋势，但其绝对数量不大，在总消费中占比并不高，因此呈现出先增加后减少的变动趋势，且其变动相对较小。

（5）交通通信支出

交通通信支出是指用于交通和通信工具及相关的各种服务、维修、车辆保险等方面的支出。交通通信支出是消费支出中变动最快、与消费支出变化趋势较一致的支出，在总消费中占据非常重要的地位。随着人们消费水平的不断提升，交通通信支出不仅在数量上不断增加，在总消费中的占比也呈现出明显上升趋势，且该变化在城镇和农村保持了较一致的变动趋势。

（6）娱乐教育文化支出

娱乐教育文化支出是指用于教育、文化和娱乐方面的支出。社会物质生活水平大大提高之后，人们开始将消费的重心转移到精神文化生活。娱乐教育文化方面的支出满足了人们这一需要。随着总支出的不断增加，该项支出在总支出中的占比呈现出不断增加的趋势，且持续在一个较高的水平上。

（7）居住支出

居住支出是指与居住有关的支出，包括房租、水、电、燃料、物业管理等方面的支出，也包括自有住房折算租金。居住支出作为居民日常生活中最重要的支出项，在消费支出中占比较高。由于对消费八大类支出中居住支出的调查只统计住户用于住房的各种直接性支出，如房租、房屋维修费、物业管理费、装修费及水电、煤气、燃气费，不包括购买支出和自有住房的虚拟租金，因此调查的居住支出的变动情况比实际要平滑得多。

（8）杂项商品与服务支出

杂项商品与服务支出是指无法直接归入上述各类支出的其他用品与服务的支出。该项支出在居民消费支出中的占比较低，对家庭消费支出的变动影响不大。

3.3.2 我国居民家庭消费结构变化

1995 年我国城镇居民人均消费支出为 3 538 元，2020 年增至 27 007 元，而 1995 年农村居民人均消费支出为 1 310 元，2020 年增至 13 713 元。可见，城乡居民人均消费支出存在巨大的差额，2020 年城镇居民人均消费支出是农村居民人均消费支出的近 2 倍，见表 3-3。从消费支出增长速度来看，农村居民消费支出增速明显快于城镇居民消费支出。2020 年城镇居民消费支出绝对值较 1995 年上涨了 663%，同期农村居民消费支出绝对值的上涨幅度为 946%，农村居民消费支出的涨幅更大。具体到每年的居民消费支出增长率，自 2004 年起，农村居民消费支出的增速大多快于城镇居民，其中，2004 年农村居民消费支出同比增长 12.42%，城镇居民消费支出同比增长 10.31%，2020 年农村居民的消费支出增速为 2.89%，而城镇居民的消费支出增速则为-3.76%，农村居民消费支出增速比城镇居民消费支出增速高出超过 6 个百分点。由此可以看出，城镇居民消费支出金额上升明显，但增速有所下降，农村居民消费支出金额和增速均稳定上升，消费呈升级趋势。

表 3-3 1995—2020 年我国城乡居民人均收入及消费变动情况 单位：元

年份	城镇居民		农村居民	
	人均可支配收入	人均消费支出	人均纯收入	人均消费支出
1995	4 283	3 538	1 578	1 310
1997	5 160	4 186	2 090	1 617
1998	5 425	4 332	2 162	1 590
1999	5 854	4 616	2 210	1 577
2000	6 280	4 998	2 253	1 670
2001	6 860	5 309	2 366	1 741
2002	7 703	6 030	2 476	1 834
2003	8 472	6 511	2 622	1 943
2004	9 422	7 182	2 936	2 185
2005	10 493	7 943	3 255	2 555
2006	11 759	8 697	3 587	2 829
2007	13 786	9 997	4 140	3 224
2008	15 781	11 243	4 761	3 661
2009	17 175	12 265	5 153	3 993
2010	19 109	13 471	5 919	4 382
2011	21 810	15 161	6 977	5 221
2012	24 565	16 674	7 917	5 908
2013	26 955	18 023	8 896	6 626
2014	28 844	19 968	10 489	8 383
2015	31 195	21 392	11 422	9 223
2016	33 616	23 079	12 363	10 130

续表

年份	城镇居民		农村居民	
	人均可支配收入	人均消费支出	人均纯收入	人均消费支出
2017	36 396	24 445	13 432	10 955
2018	39 251	26 112	14 617	12 124
2019	42 359	28 063	16 021	13 328
2020	43 834	27 007	17 132	13 713

资料来源：《中国统计年鉴》(2021)。

注：统计资料中无 1996 年数据，故未列出。

1995—2020 年我国城镇家庭和农村家庭消费结构变动情况见表 3-4 和表 3-5。具体来看，城乡居民的消费升级有以下两个特点：

一是我国城乡居民的恩格尔系数均逐年稳步下降。所谓恩格尔系数，即总消费支出中食品消费支出所占的比重。1995 年城镇居民的恩格尔系数为 49.92%，即接近一半的消费支出用于食品，2020 年该系数降至 29.18%；1995 年农村居民的恩格尔系数为 58.62%，即超过一半的消费支出用于食品，2020 年该系数为 32.66%，降幅超过 20 个百分点，与城镇居民比较接近。

二是我国城乡居民的服务性、娱乐性消费支出稳步提升。在消费支出中，家庭设备用品及服务、交通通信、娱乐教育文化三项支出占比提升明显。1995 年城镇居民此三项支出的占比为 22.06%，2020 年上升至 28.53%；农村居民此三项支出的占比也从 1995 年的 15.62%上升至 2020 年的 28.56%。其中，交通通信支出的占比提升最为明显，2020 年城镇居民交通通信支出占比较 1995 年提高了约 8 个百分点，农村居民此项支出占比提高了约 11 个百分点，增幅均较大，说明城乡居民都愿意提高交通通信服务支出。结合交通通信业的发展情况来看，2000—2020 年我国汽车产销量逐年大幅上升，民航事业及铁路运输高速发展，促使该领域消费增加；

智能手机2009年左右开始普及，2013年已经全面占领市场，非智能机迅速退出，从而促使该领域消费增加。可见，人们的交通通信支出具有较为明显的消费升级特征。

表3-4　1995—2020年我国城镇家庭消费结构变动情况　单位：%

年份	食品	衣着	家庭设备用品及服务	医疗保健	交通通信	娱乐教育文化	居住	杂项商品与服务
1995	49.92	13.55	8.39	3.11	4.83	8.84	7.07	4.28
1997	46.42	12.45	7.57	4.30	5.57	10.70	8.58	4.44
1998	44.48	11.10	8.24	4.74	5.94	11.53	9.43	4.55
1999	41.86	10.45	8.57	5.32	6.73	12.28	9.84	4.96
2000	39.18	10.01	8.79	6.36	7.90	12.56	10.01	5.17
2001	37.94	10.05	8.27	6.47	8.61	13.00	10.32	5.35
2002	37.68	9.80	6.45	7.13	10.38	14.96	10.35	3.25
2003	37.12	9.79	6.30	7.31	11.08	14.35	10.74	3.30
2004	37.73	9.56	5.67	7.35	11.75	14.38	10.21	3.34
2005	36.69	10.08	5.62	7.56	12.55	13.82	10.18	3.50
2006	35.78	10.37	5.73	7.14	13.19	13.83	10.40	3.56
2007	36.29	10.42	6.02	6.99	13.58	13.29	9.83	3.58
2008	37.89	10.37	6.15	6.99	12.60	12.08	10.19	3.72
2009	36.52	10.47	6.42	6.98	13.72	12.01	10.02	3.87
2010	35.67	10.72	6.74	6.47	14.73	12.08	9.89	3.71
2011	36.32	11.05	6.75	6.39	14.18	12.21	9.27	3.83
2012	36.23	10.94	6.69	6.38	14.73	12.20	8.90	3.94
2013	35.02	10.55	6.74	6.20	15.19	12.73	9.68	3.88
2014	30.05	8.15	6.18	6.54	13.21	10.73	22.48	2.67
2015	29.73	7.95	6.11	6.75	13.53	11.14	22.09	2.70

续表

年份	食品	衣着	家庭设备用品及服务	医疗保健	交通通信	娱乐教育文化	居住	杂项商品与服务
2016	24.92	7.54	6.18	7.07	13.75	11.43	22.16	2.58
2017	28.64	7.19	6.24	7.27	13.59	11.64	22.76	2.67
2018	27.72	6.92	6.28	7.83	13.30	11.39	23.95	2.63
2019	27.55	6.53	6.02	8.13	13.08	11.86	24.16	2.66
2020	29.18	6.09	6.07	8.04	12.86	9.60	25.76	2.39

资料来源：《中国统计年鉴》(2021)。

注：统计资料中无 1996 年数据，故未列出。

表 3-5　1995—2020 年我国农村家庭消费结构变动情况　单位:%

年份	食品	衣着	家庭设备用品及服务	医疗保健	交通通信	娱乐教育文化	居住	杂项商品与服务
1995	58.62	6.85	5.23	3.24	2.58	7.81	13.91	1.76
1997	55.05	6.77	5.28	3.86	3.33	9.16	14.42	2.12
1998	53.43	6.17	5.15	4.28	3.82	10.02	15.07	2.07
1999	52.56	5.83	5.22	4.44	4.36	10.67	14.75	2.18
2000	49.13	5.75	4.52	5.24	5.58	11.18	15.47	3.14
2001	47.71	5.67	4.42	5.55	6.32	11.06	16.03	3.24
2002	46.25	5.72	4.38	5.67	7.01	11.47	16.36	3.14
2003	45.59	5.67	4.20	5.96	8.36	12.13	15.87	2.21
2004	47.23	5.50	4.08	5.98	8.82	11.33	14.84	2.21
2005	45.48	5.81	4.36	6.58	9.59	11.56	14.49	2.13
2006	43.02	5.94	4.47	6.77	10.21	10.79	16.58	2.23
2007	43.08	6.00	4.63	6.52	10.19	9.48	17.80	2.30
2008	43.67	5.79	4.75	6.72	9.84	8.59	18.54	2.09
2009	40.97	5.82	5.13	7.20	10.09	8.53	20.16	2.11
2010	41.09	6.03	5.34	7.44	10.52	8.37	19.06	2.15

续表

年份	食品	衣着	家庭设备用品及服务	医疗保健	交通通信	娱乐教育文化	居住	杂项商品与服务
2011	40.36	6.54	5.92	8.37	10.48	7.59	18.41	2.34
2012	39.33	6.71	5.78	8.70	11.05	7.54	18.39	2.50
2013	37.67	6.62	5.84	9.27	12.01	7.33	18.62	2.64
2014	33.57	6.09	6.04	8.99	12.08	10.25	21.03	1.94
2015	33.05	5.97	5.92	9.17	12.61	10.51	20.89	1.89
2016	32.24	5.68	5.88	9.17	13.42	10.57	21.20	1.84
2017	31.18	5.58	5.79	9.66	13.78	10.69	21.48	1.83
2018	30.07	5.34	5.94	10.23	13.94	10.74	21.94	1.80
2019	30.00	5.35	5.73	10.66	13.78	11.12	21.54	1.81
2020	32.66	5.20	5.60	10.34	13.42	9.54	21.60	1.64

资料来源：《中国统计年鉴》(2021)。

注：统计资料中无1996年数据，故未列出。

3.3.3 人口结构影响居民储蓄率的途径

通过上述分析可以发现，人口结构对居民储蓄率的影响途径是不同的，通过对二者关系进行梳理，大致可总结出人口结构影响居民储蓄率的五个途径。

第一，传统文化习俗。由于我国几千年来一直秉承着勤俭节约的美德，尤其是经历过物资匮乏和自然灾害的老人，更是养成了长久节俭的习惯，使老人家庭养成了多储蓄以备日后不时之需的习惯。随着改革开放的推进和我国加入WTO，逐渐成长起来的年青一代受到西方思想和文化的熏陶，比较注重生活品质的提升，也多信奉享受当下的生活理念，在社会物质极大丰富的背景下，消费在他们的生活中占据主要地位。随着金融信贷市场的进一步完善，年轻人甚至举债消费，导致居民储蓄率下降。

第二，医疗和养老体制。“看病难”和“看病贵”一直是困扰我国居民的头等大事。尽管国家出台了相应的医改政策，也扩大了居民社保覆盖范围，但对一个拥有14亿人的超级人口大国来说，这些还远远不够。随着老龄化进程的加剧，老年家庭面临的养老问题日趋严重，不能享受国家养老和医疗红利的居民家庭需要为养老和医疗储备更多的资本，这一动机促使居民储蓄率不断提高。

第三，娱乐教育文化支出。教育是一国之本，也是一家之托。自1999年高等教育改革以来，我国居民家庭的娱乐教育文化支出明显增加（陈斌开 等，2004），中年家庭需要为子女教育支付高昂费用，尤其需要花费大量资金在课外补习和兴趣班上，过高的家庭娱乐教育文化支出导致中年家庭的储蓄率水平降低。

第四，遗赠动机。父母出于对子孙后代的关爱，并不会将自己一生的收入全部花光，大多是将自己财产的部分作为馈赠留给下一代。这种遗赠动机会产生两个方面的作用：一是成为代际财富转移的桥梁，使家族保持长久兴旺（Barro，1974；Becker，1981）。二是对于不愿孝顺父母的子女，会起到约束作用，影响其行为，使其提供老年照料服务（Bernheim et al.，1985）。

第五，收入的不确定性。收入的不确定性对居民储蓄率的影响也受到较多关注。例如，Macros Chamon 等（2010）在研究中指出，收入的不确定性是引起居民储蓄率提高的关键因素，养老保险是在收入的不确定性之后另一个对居民储蓄率产生重要影响的因素，二者对我国城镇居民储蓄率的解释力度达到了50%以上，同时解释了我国居民储蓄率变动呈“U”形的原因。随着我国经济体制改革的不断深入，经济整体运行的波动性加大，经济持续高涨的预期下降，随之而来的居民家庭收入不稳定性的增加及不完善的养老和医疗体制会使居民缺乏安全感，从而通过降低消费、提高储蓄来应对不确定性风险。

3.3.4 人口结构变化影响居民储蓄率的未来趋势

随着人口老龄化水平的不断提高，我国居民储蓄率在未来将如何变化成为值得我们思考和关注的一个问题。目前我国居民储蓄率水平保持在35%左右，按照有关学者的观点，居民储蓄率的变动有以下六种情况：一是人口老龄化会促使老人消耗更多储蓄，从而导致储蓄率下降。二是受出生率锐减的影响，少儿抚养比下降，将减少家庭用于抚养小孩的费用，从而导致居民储蓄率上升。三是随着经历过物资匮乏和倡导节俭生活的老一代的逐渐消亡，勤俭节约的传统可能发生变化，在以年青一代为社会主力军的时代，消费会不断升级，人们会增加消费、减少储蓄。四是经济运行的整体情况会对居民储蓄率产生较明显的影响，如经济低迷、全球性经济危机及收入不确定性等因素会增加人们对未来的不确定性，进而促使人们通过多储蓄来应对不时之需。五是经济发展到一定阶段后，客观上要求消费率和储蓄率与之相匹配。从全球整体趋势来看，经济高速增长的长期动力是消费，因而储蓄率的变化要以适应当下经济增长的消费率为前提。六是受传统文化和社会保障制度等的影响，亚洲国家的储蓄率水平普遍高于欧美国家。

综上所述，本书认为人口结构变化带来的居民储蓄率水平在未来不会出现明显波动，原因有三：第一，随着人口老龄化的不断加剧，老年家庭消费更多的储蓄带来家庭储蓄减少的影响有限，作为经济运行的微观个体，家庭会根据成员的总体情况来安排家庭的消费和储蓄，如若用于老人养老方面的支出增加明显，在收入水平一定的前提下，其他方面的支出会减少。因此，老人养老支出具有对其他支出的挤占性，但家庭会基于其效用最大化作出消费或储蓄的合理决策，从而使其总效用水平最高。第二，消费率和储蓄率的变动会影响经济发展，较高的消费率对经济的长期稳定运行有利，宏观经济的平稳运行也会对增加居民收入和储蓄起到积极的作用。第三，消费习惯的养成并非一朝一夕，喜欢存钱是亚洲人普遍的共识。他们认为，经济高涨时期有余钱需要增加储蓄，经济下行时更需要通过多储蓄来应对未来的不确定性。

3.4　人口结构与居民储蓄率关系的假说

经典的生命周期理论认为，理性的消费者为了实现其一生效用最大化的终极目标，会根据一生中的总收入来安排自己的消费，从而保持消费水平的平滑性。青年时期收入水平低、消费支出高，储蓄较少或没有储蓄；中年时期收入水平偏高，为了应对老年时期的退休生活，会稳定地增加储蓄；老年时期收入下降，累积储蓄减少会带来储蓄率下降。因此，储蓄会随着年龄结构的变化而变化，居民储蓄率与年龄结构密切相关。

有些学者也通过实证指出，人口结构变化对居民储蓄率具有显著影响。研究中比较常用的方法是将人口结构分为老年抚养比和少儿抚养比，也有将老年抚养比和少儿抚养比加总以总抚养负担进行考量的。

假说 1：少儿抚养比和老年抚养比均对居民储蓄率有显著影响。

由于我国经济社会发展中存在的典型城乡二元结构，受到收入水平、医疗保健制度等因素的影响，我国城乡人口年龄结构存在明显差异。城镇老人享受医疗保险的比例较高，享有一定的社保和退休金，个人养老支出要低于农村老人。因此，相较于城镇家庭，农村老人家庭需要更多的储蓄来应对养老。

假说 2：人口年龄结构对居民储蓄率的影响存在明显的城乡差异。

城乡居民在受教育水平、享受社会保障政策等方面差异较大。在养老压力倍增的情况下，在社会保障欠缺的农村地区，收入水平相对较低，且存在较强的“养儿防老”观念，会造成家庭在养育子女方面存在明显的性别差异，从而导致人口年龄结构对居民储蓄率的影响存在明显的子女性别差异。

假说 3：少儿抚养比对居民储蓄率存在明显的性别差异。

3.5 小结

本章首先阐述了人口结构与居民储蓄率的变动情况，分析了居民储蓄率的总体变化特征、我国与其他国家的储蓄率对比情况及居民储蓄率变化的城乡差异。我国城乡居民储蓄差异较大，随着城镇化进程的不断加快，城镇和农村的储蓄差异会不断扩大。从世界范围来看，我国储蓄率水平显著高于其他国家。我国居民储蓄率在 1995—2020 年呈稳步上升的趋势，居民储蓄率占国民储蓄率的份额最高，且与国民储蓄率的变动趋势一致。其次，阐述了人口结构中人口年龄结构和性别结构的变化情况及特征。我国人口老龄化严重，青少年人口比重持续下降，人口出生率不断走低，人口结构的地区差异显著。此外，我国人口结构中的性别比例不均，新生儿性别比例失衡现象尤其明显，这种现象具有一定的地区差异，且有进一步扩大的趋势。最后，讨论了人口结构与居民储蓄率的关系，并探讨了人口结构对家庭消费结构的影响，进而对居民储蓄率的影响，同时分析了人口结构影响居民储蓄率的主要途径和我国居民储蓄率的未来变动趋势，并提出了人口结构与居民储蓄率关系的三个假说。

第4章

居民储蓄率与经济增长

4.1 经济增长率变化的特征

改革开放以后，我国经济发展创造了人类经济史上的奇迹，取得了35年平均每年9.8%的增长，这在人类历史上不曾出现过。近几年，我国经济增速呈现明显减缓的趋势，2013年我国的经济增长速度为7.7%，虽然这在世界上还是很高的，但是7.7%的增长速度基本是1990年以来的最低增长水平（1999年增速也为7.7%），更是改革开放以来我国首次出现连续6年经济增速下滑的情况，我国经济进入了缓慢增长时期。2020年受到新冠肺炎疫情的影响，全球经济增长锐减，我国经济增长率降至2.3%，尽管是全球主要经济体中唯一实现经济正增长的国家，但该增长率却是我国自改革开放以来的历史最低位。

1978年，我国GDP为3 678.7亿元，全国总人口为96 259万人，人均GDP为382.17元。2020年，我国GDP为1 015 986.2亿元，全国总人口为141 212万人，人均GDP为71 947.58元。2020年，我国GDP是1978年的276倍，42年间年均增长约14.3%；全国人口是1978年的1.47倍，42年间年均增长约1.0%。

如果将1979—2020年的物价上涨因素考虑在内，根据国家统计局公布的数据，2020年我国CPI是1978年的6.865倍，那么，2020年我国GDP实际为147 995.08亿元，是1978年的40.23倍，42年间年均增长约9.2%；2020年人均GDP实际为10 480.35元，是1978年的27.42倍，42年间年均增长约8.2%。

根据有关学者对1978—2009年我国潜在GDP增长率进行的估计，以及对2010—2020年情况进行的预测，高路易（2009）的估计结果是：我国的平均潜在GDP增长率在1978—1994年为9.9%，在1995—2009年为9.6%，在2010—2015年为8.4%，在2016—2020年为7.0%。陆旸（2012）估计，我国的平均潜在GDP增长率在1978—1994年的10.4%和1995—2009年的9.8%的基础上，在“十二五”期间将降到7.2%，在“十三五”期间将进一步降到6.1%。我国2010—2015年实际GDP平均增长率为8.38%，与高路易（2009）的预测结果基本一致，2016—2020年实际GDP平均增长率为5.75%，除受新冠肺炎疫情影响较大的2020年外，2016—2019年实际GDP平均增长率为6.63%，与高路易（2009）、陆旸（2012）的估计结果接近，表明在“十三五”期间我国GDP增长率比“十二五”期间有所下降是学者们的共识。

4.1.1 中国经济增长总体情况

图4-1描绘了我国改革开放后GDP总量及GDP增长率的变化趋势，从中可以直观地看出，2013年以前我国经济保持高速增长，2013年以后增速放缓，进入稳步发展的新常态，2020年由于受到突如其来的新冠肺炎疫情的影响，全球经济遭受重创，我国经济也受到严重影响，GDP增长率锐减到2.3%，创改革开放以来经济增长率的历史新低。

1978年，我国的GDP总量为1 495亿美元，到1990年，达到3 609亿美元，20世纪90年代之后，我国经济驶入“快车道”，基本维持了每5年GDP总量翻一番的惊人速度。到2020年，我国的GDP总量已达14.69万亿美元，42年间增长了97倍。如此长期持续的经济增长创造了世界范围有史以来的纪录，被无数经济学家誉为“中国经济奇迹”。

具体来说，可以将我国改革开放以来的经济增长分为四个阶段。

第一阶段（1978—1989年）为改革开放的开局时期，我国从计划经济

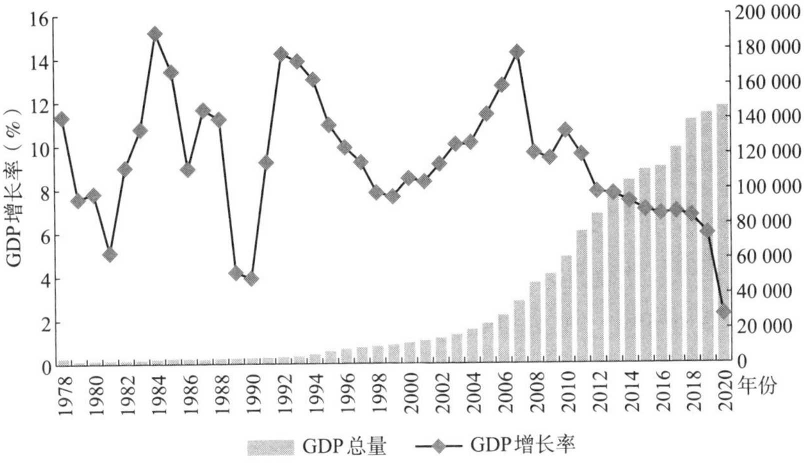

图 4-1　1978—2020 年我国 GDP 增长率及 GDP 总量变动情况

资料来源：世界银行数据库。

体制改革开始，逐步在全国推行经济体制、教育体制以及科技体制等社会全面改革。该阶段还可以进一步细分为两个阶段：一是改革开放开始至 1983 年，这个时期改革的重点是农村经济体制的全面改革。中国共产党十一届三中全会的召开，明确了“四个现代化建设”为全党全国的工作重心，要彻底丢弃之前文化大革命“左倾”路线错误，全面抓经济建设。对农村而言，最重要的就是在全国农村范围推行农民以家庭为单位向集体经济组织承包土地等生产资料和生产任务的农业生产责任制，即家庭联产承包责任制。“包产到户、包干到户”等政策的实行，促使我国粮食产量迅速提高，一方面改变了农村经济格局，另一方面奠定了我国经济发展和后续改革的基础，对我国农民脱贫起到了重要作用，推动了农业生产的快速发展，极大地改变了我国农业生产和农民生活。此外，城镇也开始推行各项改革，经济快速发展，人民的生活水平也得到了提升。二是 1984—1989 年，这段时间主要推行城镇的经济改革，开始的标志为《建设有中国特色的社会主义》一书的发行，我国逐步走上中国特色社会主义道路，在经济所有制形式改革中，除全民所有制以外，引入了各类非国有经济形式，如股份合作、联营等。与此同时，我国加大了对外开放力度：在已推出4个经济特区的基础上，对经济特区政策进行进一步的延伸，批准设立了大连、天津等14个对外开放城市；1985年，将长江三角洲、珠江三角洲和闽南厦门、漳州、泉州三角地区开辟为沿海经济开放区；之后，又将辽东半岛、山东半岛、环渤海地区的一些市、县和沿海开放城市所辖县列为沿海经济开放区等。在各项改革开放政策的带动下，我国经济迅速发展，但也出现了一系列问题，如部分基础工业发展滞后、价格双轨制等，这也导致了20世80年代末通货膨胀的产生。

第二阶段（1990—2007年）是我国经济发展驶入“快车道”的时期，标志主要是邓小平同志的南方谈话，以及在中国共产党第十四次全国代表大会上确立了邓小平建设有中国特色社会主义理论在全党的指导地位，提出建立社会主义市场经济体制。这一时期，我国改革开放和现代化建设事业进入新的发展阶段，各项经济指标均高速增长，年增长率基本维持在8%甚至10%以上。2007年，我国GDP总量已达3.55万亿美元，是1990年3 609亿美元的9.84倍。

第三阶段（2008—2013年）为经济稳步发展阶段。这个阶段开始的标志为2008年全球金融危机。此次全球金融危机影响了全球绝大多数国家，很多国家的GDP增长率大幅下跌，某些国家的增长率甚至从正到负下跌超过10个百分点，如俄罗斯2007年的GDP增长率为8.5%，2009年下降至-7.8%，跌幅达16.3%。此次全球金融危机对我国的影响同样显著，使我国经济增长率从2007年的14.23%跌至2008年的9.65%，下跌了4.58个百分点。此后，受多方面因素的综合影响，我国经济增速明显减缓，经济增长率窄幅振荡下行至今。虽然遭遇全球金融危机，但此后我国经济仍然保持稳健态势，GDP总量稳步提升。2010年，我国GDP总量首次超过日本，位居世界第2，仅次于美国；2013年，我国GDP总量是日本的2倍。

第四阶段（2014—2020 年）为我国经济步入稳中求进的新常态阶段。2014 年以来，我国经济下行压力明显增大，各项经济问题凸显。尽管在 2013 年我国第三产业占比首次超过第二产业，服务业在经济总量中的占比提高到 48.2%，我国经济已完成由工业主导向服务业主导的转变，但我国经济增长中尤为重要的劳动力资源自 2012 年底开始下调，15~64 岁劳动力人口占比逐年下降的趋势导致我国改革开放之后的人口红利逐渐消失，我国经济发展中的人口优势不断减弱。为了提升经济发展水平，中央政府决定加快战略性新兴产业和服务业发展，将经济重心放在结构性改革上，提出了“宏观政策要稳、微观政策要活、社会政策要托底”的总体发展思路，主动下调经济增长速度预期，大力促进服务业发展。

4.1.2　中国经济增长水平与其他国家的对比

从世界范围来看，我国的经济增长水平是遥遥领先的，经济增长率长期持续高于其他国家。本书收集了一些国家 GDP 增长率的情况，具体见图 4-2。

图 4-2 中四个分图分别为 1995—2021 年我国 GDP 增长率与世界平均水平的对比，与同为东亚国家的日本、韩国的对比，与同为金砖国家的巴西、印度和俄罗斯的对比，与西方主要发达国家美国、英国、德国和法国的对比。可见，我国的 GDP 增长率远高于世界平均水平及其他对比国家，特别是 2000 年以后，我国的 GDP 增长率稳步位于高点，即使是在遭受新冠肺炎疫情影响最严重的 2020 年，我国 GDP 增长率也达到了 2.3%，是全球唯一实现经济正增长的国家。

从图 4-2 中还可以看出，1997—1998 年的亚洲金融危机对日本和韩国的影响相对较大，对俄罗斯和印度也有一定的影响，其余几个国家的 GDP 增长率也有明显的下降。我国也受到了亚洲金融危机的影响，1997—1999 年我国的 GDP 增速呈现下滑趋势，由 1997 年的 9.23%降至 1999 年的

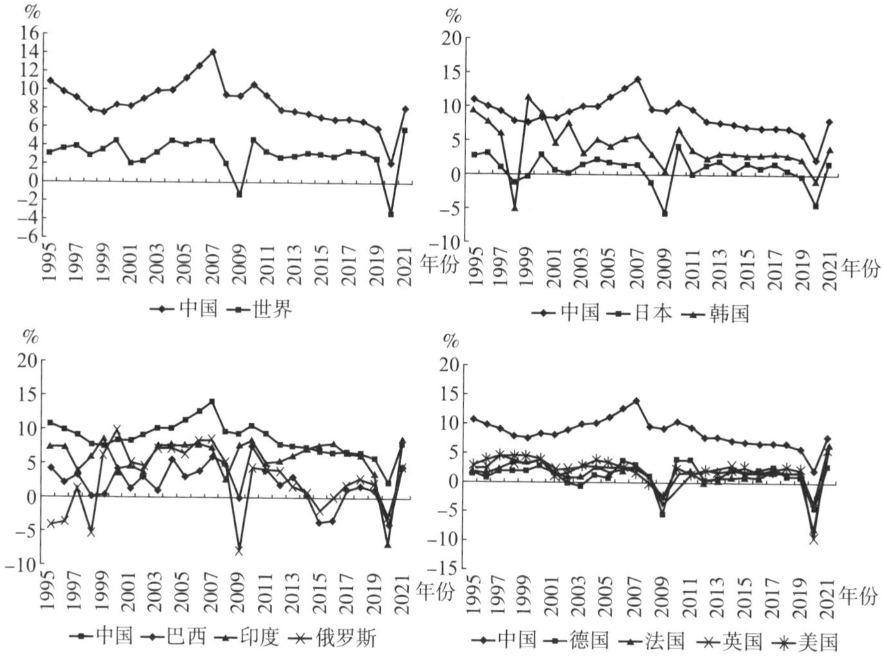

图 4-2　我国与其他国家 GDP 增长率对比

资料来源：世界银行数据库。

7.67%，2000 年之后出现反弹。2008 年全球金融危机对世界各国的影响都是极其显著的，绝大多数国家的 GDP 增长率在 2007—2009 年出现了大幅下跌，很多国家的 GDP 增长率甚至进入负增长区间。在此期间，世界平均 GDP 增长率从 4.32%跌至-1.68%，日本的 GDP 增长率从 1.65%跌至-5.42%，巴西的 GDP 增长率从 6%跌至 0，德国的 GDP 增长率从 2.43%跌至-5.70%，美国的 GDP 增长率从 2.86%跌至-2.54%。我国的 GDP 增长率也从 2007 年的 14.23%跌至 2009 年的 9.40%，跌幅接近 5 个百分点。

从 GDP 总量来看，我国的经济发展轨迹是典型的“追赶—持平—反超”的过程。表 4-1 为我国改革开放以来的 GDP 总量与世界排名靠前国家 GDP 总量的对比。1978 年，美国、日本、德国、法国、英国 GDP 总量排在世界前 5 名，而我国 GDP 总量的世界排名是第 11 名，我国 GDP 总量仅为美国的 6.36%、日本的 14.75%，占 GDP 总量排名第 5 的英国的比例也只有 44.51%。进入 21 世纪以后，我国开始拉近与排名前列国家的差距并逐渐反超。2000 年，我国 GDP 总量排名为世界第 6，紧随世界排名第 5 的英国之后，我国 GDP 总量为美国的 11.82%，与 1978 年相比，基本翻番，我国 GDP 总量占德国、法国及英国 GDP 的比例分别为 62.18%、88.70%和 72.88%，已经大幅逼近此三国的水平。2005 年我国 GDP 总量超过法国，2006 年超过英国，2008 年超过德国，2010 年超过日本，成为世界第二大经济体。2021 年，我国 GDP 总量为 17.73 万亿美元，稳居世界第 2，且在逐步拉近与世界第一经济体美国的差距，占美国 GDP 总量的比例已从 1978 年的 6.36%增至 77.12%，并且进一步甩开 GDP 总量排名第 3 及以后的国家。

表 4-1　我国与世界排名靠前国家 GDP 总量对比　　单位：亿美元

年份	中国	美国	日本	德国	法国	英国
1978	1 495	23 516	10 136	7 405	5 067	3 359
1979	1 783	26 273	10 550	8 813	6 140	4 390
1980	1 911	28 573	11 054	9 503	7 013	5 649
1981	1 959	32 070	12 190	8 005	6 156	5 408
1982	2 051	33 438	11 345	7 766	5 849	5 150
1983	2 307	36 340	12 433	7 707	5 599	4 896
1984	2 599	40 376	13 184	7 251	5 307	4 615
1985	3 095	43 390	13 989	7 325	5 531	4 893
1986	3 008	45 796	20 790	10 463	7 715	6 015
1987	2 730	48 552	25 328	12 982	9 342	7 452
1988	3 124	52 364	30 717	14 012	10 188	9 101
1989	3 478	56 416	30 549	13 990	10 252	9 269
1990	3 609	59 631	31 328	17 717	12 692	10 932
1991	3 834	61 581	35 844	18 689	12 693	11 428

续表

年份	中国	美国	日本	德国	法国	英国
1992	4 269	65 203	39 088	21 316	14 015	11 797
1993	4 447	68 586	44 541	20 713	13 228	10 614
1994	5 643	72 872	49 988	22 051	13 940	11 405
1995	7 345	76 397	55 456	25 858	16 011	13 464
1996	8 637	80 731	49 234	24 972	16 057	14 215
1997	9 616	85 776	44 924	22 120	14 529	15 596
1998	10 290	90 628	40 984	22 390	15 031	16 534
1999	10 940	96 312	46 360	21 949	14 932	16 858
2000	12 113	102 509	49 684	19 480	13 656	16 621
2001	13 394	105 819	43 747	19 458	13 777	16 439
2002	14 706	109 291	41 828	20 785	15 014	17 841
2003	16 603	114 564	45 196	25 016	18 445	20 571
2004	19 553	122 172	48 931	28 144	21 196	24 218
2005	22 860	130 392	48 315	28 469	21 969	25 448
2006	27 521	138 156	46 017	29 947	23 205	27 171
2007	35 503	144 742	45 798	34 256	26 606	31 062
2008	45 943	147 699	51 067	37 453	29 303	29 389
2009	51 017	144 781	52 895	34 113	27 009	24 258
2010	60 872	150 490	57 591	33 997	26 452	24 911
2011	75 515	155 997	62 331	37 493	28 652	26 749
2012	85 322	162 540	62 724	35 271	26 837	27 192
2013	95 704	168 432	52 123	37 338	28 119	28 033
2014	104 757	175 507	48 970	38 891	28 560	30 872
2015	110 616	182 060	44 449	33 576	24 392	29 566
2016	112 333	186 951	50 037	34 699	24 730	27 229
2017	123 104	194 796	49 308	36 908	25 952	26 990
2018	138 948	205 272	50 378	39 773	27 910	29 008
2019	142 799	213 726	51 233	38 883	27 289	28 787

续表

年份	中国	美国	日本	德国	法国	英国
2020	146 877	208 937	50 401	38 464	26 303	27 569
2021	177 341	229 961	49 374	42 231	29 375	31 869

资料来源：世界银行数据库。

从另外一个角度来说，我国经济高速发展持续的时期也是史无前例的。同为亚洲国家的日本在“二战”后 10 年即 20 世纪 50 年代进入了黄金发展时期。20 世纪 60 年代起，“亚洲四小龙”推行出口导向型战略，重点发展劳动密集型加工产业，在短时间内也实现了经济的腾飞，一跃成为全亚洲发达富裕的地区。表 4-2 为我国与“亚洲四小龙”和日本经济发展时期的对比。

表 4-2　我国与“亚洲四小龙”和日本经济发展时期对比

国家或地区	经济高速增长时期	高速增长时长（年）	年均 GDP 增长率（%）
中国	1978—2013 年	35	9.7
新加坡	1965—1984 年	20	9.9
韩国	1962—1991 年	30	8.5
中国香港	1968—1988 年	21	8.7
中国台湾	1962—1987 年	26	9.5
日本	1955—1973 年	19	9.2

资料来源：世界银行数据库。

由表 4-2 可知，在 20 世纪 50 年代至 90 年代初，“亚洲四小龙”和日本都经历过经济的高速增长时期，但之后均逐步减缓了增长的步伐。其中，韩国经济高速增长的时期最久，从 1962 年到 1991 年，持续时间长达 30 年，在此期间，其年均 GDP 增长率达到了 8.5%。中国香港和台湾地区也分别经历了 21 年和 26 年的经济高速增长时期，年均 GDP 增长率分别达到了 8.7%和 9.5%。我国经济高速增长时长明显超过日本和“亚洲四小龙”，并且仍维持着较高的增长速度。

4.1.3 三大产业对 GDP 的贡献

从我国的 GDP 总量和三大产业的增加值来看，我国经济增长的确取得了巨大成就。表 4-3 列出了部分年份我国三大产业产值及国民收入，从中可以看出，1978—2020 年我国 GDP 增幅巨大。2020 年，我国 GDP 约为 101.60 万亿元，较 1978 年增加约 101.24 万亿元，三大产业中第一产业相对增长最少，增加值约为 7.67 万亿元，第二产业增加值约为 38.25 万亿元，第三产业增加值约为 55.31 万亿元。从指数上看，三大产业中第二产业指数增长最高，达 6 010，第一产业最低，为 590。

表 4-3 我国三大产业产值及国民收入

指标		1978 年	1990 年	2000 年	2010 年	2013 年	2020 年
金额	国民总收入（亿元）	3 645	18 718	98 000	399 760	566 130	1 008 783
	国内生产总值（亿元）	3 645	18 668	99 215	401 513	568 845	1 015 986
	第一产业（亿元）	1 028	5 062	14 945	40 534	56 957	77 754
	第二产业（亿元）	1 745	7 717	45 556	187 383	249 684	384 256
	第三产业（亿元）	872	5 888	38 714	173 596	262 204	553 977
	人均国内生产总值（亿元）	381	1 644	7 858	30 015	41 908	72 000
指数	国民总收入	100	282	751	2 050	2 596	3 987
	国内生产总值	100	282	760	2 059	2 609	4 015
	第一产业	100	191	277	419	475	590
	第二产业	100	304	1 082	3 198	4 105	6 010
	第三产业	100	362	956	2 767	3 543	5 811
	人均国内生产总值	100	237	575	1 472	1 838	2 721

注：金额为当年价格绝对值，指数为按当年不变价格计算所得。

1990 年以来，我国的 GDP 构成中三大产业结构发生了明显变化，见图 4-3 和表 4-4。

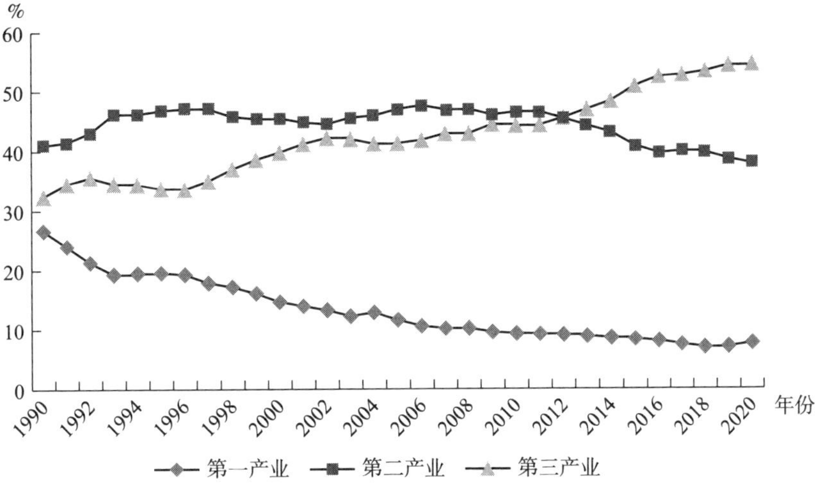

图 4-3　1990—2020 年我国三大产业在 GDP 中的占比

资料来源：《中国统计年鉴》（2021）。

表 4-4　1990—2020 年我国三大产业在 GDP 中的占比　　单位：%

年份	国内生产总值	第一产业	第二产业	其中：工业	第三产业
1990	100	26. 6	41. 0	36. 6	32. 4
1991	100	24. 0	41. 5	37. 0	34. 5
1992	100	21. 3	43. 1	38. 0	35. 6
1993	100	19. 3	46. 2	39. 9	34. 5
1994	100	19. 5	46. 2	40. 2	34. 4
1995	100	19. 6	46. 8	40. 8	33. 7
1996	100	19. 3	47. 1	41. 1	33. 6
1997	100	17. 9	47. 1	41. 4	35. 0
1998	100	17. 2	45. 8	40. 1	37. 0
1999	100	16. 1	45. 4	39. 8	38. 6
2000	100	14. 7	45. 5	40. 1	39. 8
2001	100	14. 0	44. 8	39. 6	41. 2
2002	100	13. 3	44. 5	39. 3	42. 2
2003	100	12. 3	45. 6	40. 3	42. 0
2004	100	12. 9	45. 9	40. 6	41. 2

续表

年份	国内生产总值	第一产业	第二产业	其中：工业	第三产业
2005	100	11. 6	47. 0	41. 6	41. 3
2006	100	10. 6	47. 6	42. 0	41. 8
2007	100	10. 2	46. 9	41. 4	42. 9
2008	100	10. 2	47. 0	41. 3	42. 9
2009	100	9. 6	46. 0	39. 6	44. 4
2010	100	9. 3	46. 5	40. 1	44. 2
2011	100	9. 2	46. 5	40. 0	44. 3
2012	100	9. 1	45. 4	38. 8	45. 5
2013	100	8. 9	44. 2	37. 5	46. 9
2014	100	8. 6	43. 1	36. 2	48. 3
2015	100	8. 4	40. 8	34. 1	50. 8
2016	100	8. 1	39. 6	32. 9	52. 4
2017	100	7. 5	39. 9	33. 1	52. 7
2018	100	7. 0	39. 7	32. 8	53. 3
2019	100	7. 1	38. 6	31. 6	54. 3
2020	100	7. 7	37. 8	30. 8	54. 5

资料来源：《中国统计年鉴》(2021)。

从图 4-3 和表 4-4 中可以看出，我国三大产业在 GDP 中的占比整体呈现出第一产业占比逐步下滑、第二产业占比基本平稳、第三产业占比稳步上升的趋势。其中，第一产业在 GDP 中的占比逐年降低，1990 年占比为 26. 6%，2020 年降至不到 10%；第二产业占比在 37%～50%范围内波动，其中最高点为 2006 年的 47. 6%，2020 年末为 37. 8%，较最高点下降近 10 个百分点；第三产业占比总体呈上升趋势，最低占比为 1990 年的 32. 4%，2012 年的占比实现了对第二产业的超越，达到 45. 5%，在三大产业中的占比达到最大。

三大产业对 GDP 增长的贡献率差异表现得更加明显。1990—2020 年我国三大产业对 GDP 增长的贡献率见表 4-5。

表 4-5　1990—2020 年我国三大产业对 GDP 增长的贡献率　　单位：%

年份	国内生产总值	第一产业	第二产业	其中：工业	第三产业
1990	100	40. 2	39. 8	38. 6	20. 0
1991	100	6. 8	61. 1	56. 5	32. 2
1992	100	8. 1	63. 2	56. 6	28. 7
1993	100	7. 6	64. 4	58. 3	28. 0
1994	100	6. 3	66. 3	61. 6	37. 4
1995	100	8. 7	62. 8	57. 3	28. 5
1996	100	9. 3	62. 2	58. 1	28. 5
1997	100	6. 5	59. 0	57. 8	34. 5
1998	100	7. 2	59. 7	54. 5	33. 0
1999	100	5. 6	56. 9	54. 3	37. 4
2000	100	4. 1	59. 6	56. 9	36. 2
2001	100	4. 6	46. 4	42. 0	49. 0
2002	100	4. 1	49. 4	44. 3	46. 5
2003	100	3. 1	57. 9	51. 6	39. 0
2004	100	7. 3	51. 8	47. 6	40. 8
2005	100	5. 2	50. 5	43. 1	44. 3
2006	100	4. 4	49. 7	42. 3	45. 9
2007	100	2. 7	50. 1	43. 8	47. 3
2008	100	5. 2	58. 6	43. 4	46. 2
2009	100	4. 0	52. 3	40. 7	43. 7
2010	100	3. 6	57. 4	49. 6	39. 0
2011	100	4. 1	52. 0	45. 9	43. 9
2012	100	5. 0	50. 0	41. 9	45. 0
2013	100	4. 2	48. 5	40. 5	47. 2
2014	100	4. 5	45. 6	36. 9	49. 9
2015	100	4. 4	39. 7	32. 6	55. 9
2016	100	4. 0	36. 0	28. 3	60. 0
2017	100	4. 6	34. 2	30. 2	61. 1

续表

年份	国内生产总值	第一产业	第二产业	其中：工业	第三产业
2018	100	4.1	34.4	30.3	61.5
2019	100	3.6	32.6	26.8	63.5
2020	100	9.5	43.3	33.6	47.3

资料来源：《中国统计年鉴》（1991—2021）。

注：本表数据按不变价格计算，各产业的贡献率是指对应产业增加值的增量与 GDP 增量的比值。

由表4-5 可知，我国三大产业对 GDP 的贡献率具有以下三个特点：一是截至 2013 年，我国三大产业中第二产业对 GDP 的贡献率一直处于较高水平。除 1990 年和 2001 年两个年度分别低于第一产业和第三产业以外，其余年份的贡献率均排名第 1，2014 年以后第三产业对 GDP 的贡献率超过第二产业，在三大产业中排名第 1。二是第一产业对 GDP 的贡献率迅速降低并长期维持在 10%以下。除了 1990 年第一产业对 GDP 的贡献率达到 40.2%以外，其余年份均在 10%以下，1997 年之后跌到 8%以下，之后基本维持在 3%~7%的水平。2020 年，第一产业和第二产业对 GDP 的贡献率均有所上升，其中第一产业对 GDP 的贡献率是 2019 年的 2.6 倍。三是第三产业对 GDP 的贡献率整体呈逐年上升趋势。1990 年，第三产业对 GDP 的贡献率为 20.0%，之后年份均未低于 20%，1997 年其贡献率突破 30%，2005 年以后稳定在 40%以上，到了 2013 年，第三产业对 GDP 的贡献率达到 47.2%，与第二产业对 GDP 贡献率的差额已不足 2 个百分点。2014 年以后，第三产业对 GDP 的贡献率迅速增加，并在 2019 年达到最大值 63.5%，2020 年第三产业对 GDP 的贡献率有所回落，降为 47.3%，但在三大产业中对 GDP 的贡献率仍是最高的。

从我国三大产业贡献率的整体变化情况也可以看出，我国经济发展的特点主要为：改革开放的早期阶段发展重点是第二产业，特别是工业，工业占第二产业的绝对大头，第二产业对 GDP 的贡献率在三大产业中遥遥领先；2000 年以后，第三产业对 GDP 的贡献率稳步提升，同时第一产业、第二产业对 GDP 的贡献率不断下降，说明我国的经济转型已取得成效。

4.1.4　经济增长的地区差异

改革开放以来，我国经济迅速发展，人民的生活水平和收入水平也持续提升。但是，从国内各地区的情况来看，经济发展呈现出明显的地区不平衡，各地区经济发展水平的差距一直未能有效缩小。从历年各地区的生产总值来看，我国东部地区遥遥领先，属最发达地区，中部地区的生产总值明显落后于东部地区，但领先于西部地区，西部地区长期处于末尾，无论是地区生产总值还是人均生产总值，都明显落后于东部地区和中部地区（见表 4-6）。

表 4-6　1998—2020 年我国东部、中部、西部地区生产总值在 GDP 中的比重

单位:%

年份	东部地区	中部地区	西部地区
1998	55.89	27.78	16.33
1999	56.63	27.26	16.11
2000	57.33	26.93	15.74
2001	57.49	26.81	15.70
2002	58.55	25.62	15.82
2003	58.46	26.12	15.41
2004	58.40	26.33	15.27
2005	59.60	25.40	15.00
2006	59.48	25.52	15.01
2007	59.11	25.72	15.17
2008	58.53	26.03	15.43
2009	57.93	26.45	15.62
2010	57.23	26.84	15.93

续表

年份	东部地区	中部地区	西部地区
2011	56.21	27.37	16.42
2012	55.52	27.51	16.97
2013	55.46	27.21	17.33
2014	55.15	27.13	17.72
2015	55.39	26.89	17.73
2016	55.27	26.83	17.90
2017	55.47	26.42	18.11
2018	55.21	26.43	18.36
2019	54.28	26.56	19.16
2020	54.18	26.42	19.40

资料来源：根据《中国统计年鉴》（1999—2021）计算所得。

1998 年，我国东部地区生产总值为 4.62 万亿元，占 GDP 的比重为 55.89%；中部地区生产总值为 2.3 万亿元，占 GDP 的比重为 27.78%；西部地区生产总值为 1.35 万亿元，占 GDP 的比重为 16.33%。2013 年，我国东部地区生产总值已达 34.93 万亿元，在 GDP 中的比重为 55.46%，较 1998 年无明显变化，也就是说，超过一半的 GDP 由东部发达省份贡献；中部地区和西部地区生产总值在 GDP 中的比重分别为 27.21%和 17.33%，较 1998 年也无较大变化。西部地区生产总值在 GDP 中的比重未明显下滑得益于国家于 2000 年提出的西部大开发战略，该政策的目的是“把东部沿海地区的剩余经济发展能力，用以提高西部地区的经济和社会发展水平、巩固国防”。经全国人民代表大会审议通过，国务院西部开发办于 2000 年 3 月正式开始运作。西部大开发战略的实施也确保了西部相对较落后地区的经济发展与东部较发达地区的差距未进一步扩大。2014 年以后，东部地区生产总值和中部地区生产总值在 GDP 中的比重呈现振荡下跌的趋势，西部地区生产总值在 GDP 中的比重有所上升，接近 20%。

从人均生产总值来看，东部地区与中部地区、西部地区的差距同样明显。1998—2020 年我国东部、中部、西部地区人均生产总值变化见图4-4，从中可以看出，东部地区人均生产总值远高于西部及中部地区人均生产总值。1998 年，东部地区人均生产总值为 1 万元，中部和西部地区的人均生产总值分别为 0. 52 万元和 0. 41 万元，东部地区与中部、西部地区人均生产总值的差额分别为 0. 48 万元和 0. 59 万元；2020 年，东部地区人均生产总值达到 9. 11 万元，中部和西部地区的人均生产总值分别为 6. 07 万元和 5. 51 万元，东部地区与中部、西部地区人均生产总值的差额分别扩大到了 3. 04 万元和 3. 6 万元。

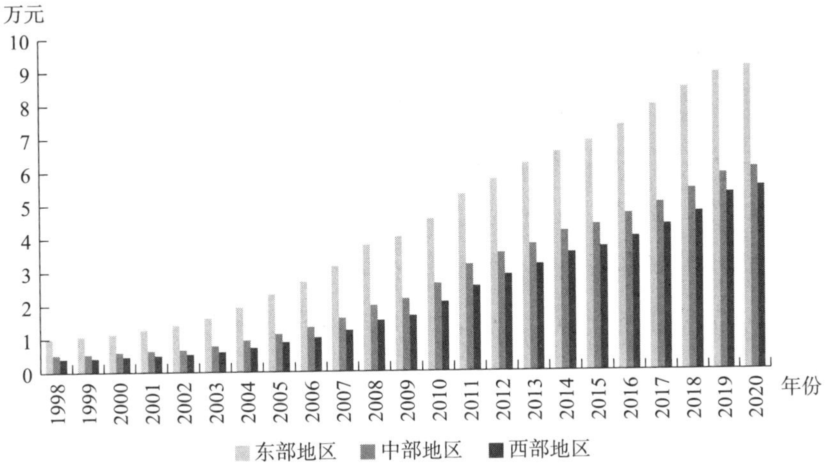

图 4-4　1998—2020 年我国东部、中部、西部地区人均生产总值变化

资料来源：《中国统计年鉴》（1999—2021）。

从人均生产总值的绝对值差额来看，东部地区与中部、西部地区的差距越来越大，不过通过计算相对差异可以发现，各地区之间的差额有所缩小，见表 4-7。

表 4-7　我国东部、中部、西部地区人均生产总值对比

指标	1998 年	2002 年	2006 年	2010 年	2013 年	2020 年
东部地区人均生产总值（万元）	1. 00	1. 41	2. 70	4. 55	6. 22	9. 11
中部地区人均生产总值（万元）	0. 52	0. 66	1. 34	2. 63	3. 79	6. 07

续表

指标		1998 年	2002 年	2006 年	2010 年	2013 年	2020 年
西部地区人均生产总值（万元）		0.41	0.54	1.03	2.08	3.20	5.51
全国人均生产总值（万元）		0.68	0.94	1.65	3.00	4.19	7.20
绝对差异	东、西部人均生产总值（万元）	0.60	0.88	1.66	2.48	3.02	3.60
	东、中部人均生产总值（万元）	0.48	0.75	1.36	1.93	2.42	3.04
	中、西部人均生产总值（万元）	0.11	0.13	0.31	0.55	0.6	0.56
相对差异	西部：东部（%）	41	38	38	46	51	61
	中部：东部（%）	52	47	50	58	61	67
	西部：中部（%）	78	81	77	79	84	91

资料来源：《中国统计年鉴》(1999—2021)。

所谓相对差异，即地区人均生产总值的比值。从表 4-7 中可以看出，西部地区人均生产总值与东部地区人均生产总值的比值由 1998 年的 41%上升至 2020 年的 61%，上升了 20 个百分点；中部地区人均生产总值与西部地区人均生产总值的比值类似，22 年上升了 15 个百分点。与此同时，中部、西部地区的相对差异在缩小。1998 年西部地区人均生产总值与中部地区人均生产总值的比值为 78%，到了 2020 年，该比值上升为 91%。西部大开发战略实施以来，取得了较好的效果，西部地区与中部及东部发达地区的差距有一定缩小，但我国各地区经济发展仍不平衡。

纵观世界各国的经济增长情况，以及我国不同时期经济增长率的变化，结合对应时期的储蓄率变动情况，可以发现储蓄率的变动与经济增长率之间存在一定的同步性，为此，本书下一节将进一步探究储蓄率与经济增长之间的关联。

4.2 居民储蓄率与经济增长的关系

经济增长是衡量一个国家或地区经济发展水平的重要指标，按照古典增长理论的观点，资本、劳动力和技术进步是影响一个国家经济增长最重要的因素。劳动生产率的提高，资源的有效利用，符合经济发展的经济、政治体制，有利的宏观经济政策等都会促进一个国家的经济增长。本书对经济增长的研究从古典增长理论出发，着重探讨储蓄对经济增长的影响。

4.2.1　居民储蓄率与经济增长概况

储蓄是一个国家经济增长的重要影响因素，作为推动经济增长的投资的重要源泉，在经济发展中发挥着重要作用。纵观东亚国家和地区“二战”后的经济增长情况不难发现，高储蓄率是解释新加坡、泰国、马来西亚、日本、韩国等地经济腾飞的重要因素之一。

表 4-8 中列出了部分国家（地区）经济快速增长时期储蓄率的变化情况。从表 4-8 中可以看出，这些国家（地区）经济起飞时的储蓄率都高于世界平均水平，甚至比发达国家的储蓄率还高。例如，日本经济高速增长期的储蓄率为 35. 3%，而经济起飞时期的韩国和中国香港地区的储蓄率都在 30%以上。随着经济逐渐走向成熟，昔日经济腾飞的日本从 20 世纪 90 年代开始，储蓄率出现下滑，这也是导致日本经济增速减缓的一个重要原因。

表 4-8　部分国家（地区）储蓄率变化　　单位:%

	1960—1969 年	1970—1979 年	1980—1989 年	1990—1999 年	2000—2009 年	2010—2020 年
世界平均	24. 5	25. 3	23. 4	23. 1	26. 2	26. 4
美国	19. 9	19. 6	17. 8	17. 0	17. 7	18. 8
中国	—	30. 5	34. 7	40. 9	44. 7	46. 5
东亚国家（地区）	—	27. 8	31. 6	36. 4	37. 0	37. 8
日本	35. 3	35. 6	31. 8	30. 7	29. 1	27. 3
新加坡	-4. 0	28. 6	41. 7	48. 2	43. 5	45. 1
中国香港	22. 5	30. 8	33. 5	32. 4	33. 0	26. 4
韩国	8. 7	22. 3	31. 0	35. 1	33. 2	35. 6

续表

	1960—1969 年	1970—1979 年	1980—1989 年	1990—1999 年	2000—2009 年	2010—2020 年
高收入国家	25.6	25.5	23.1	22.8	22.4	22.7
中等收入国家	—	25.3	25.7	25.3	33.4	33.5
低收入国家	11.3	17.3	19.6	20.7	—	22.1

资料来源：世界银行数据库。

高储蓄率和经济快速增长阶段具有明显的同步性。东亚国家（地区）的数据证实了这一点，我国也是如此。自新中国成立以来，我国储蓄率与经济增长和收入水平提高一直是相辅相成的。改革开放以前，我国储蓄率波动较大，“大跃进”和自然灾害导致储蓄率在1958—1962年出现异常波动，“文化大革命”运动也使储蓄率下降。从1970年开始，我国储蓄率保持了相对稳定的增长趋势，到20世纪80年代，我国储蓄率保持在35%左右，到了90年代，我国储蓄率达到40%左右，2000年以后，又超过50%，之后一直保持在40%~50%。

从图4-5中可以看出，我国储蓄率在1990—2010年表现出明显的上升趋势，在此期间经济也保持了同样的增长势头，其中1990—1994年和2000—2007年两个时段尤为显著。1990年，我国的储蓄率为36.7%，到了1994年，储蓄率上升到41.6%，增长了4.9个百分点，经济增长率也从1990年的3.9%上升到1994年的13.0%，增幅为7.1%。2000年，我国的储蓄率为35.7%，到了2007年，储蓄率上升到50.3%，同时经济增长率从8.5%升至14.2%的历史高位。之后，储蓄率与经济增长率均振荡下行。由此可见，1990—2020年我国储蓄率与经济增长率的变化具有较高的一致性。

储蓄率与经济增长之间并非总是正向关系，即普遍认为的高增长率对应高储蓄率水平并非总是成立。从不同收入类别的分组结果来看，中等收入国家的储蓄率并不比高等收入国家低，而是基本接近，中等收入国家的

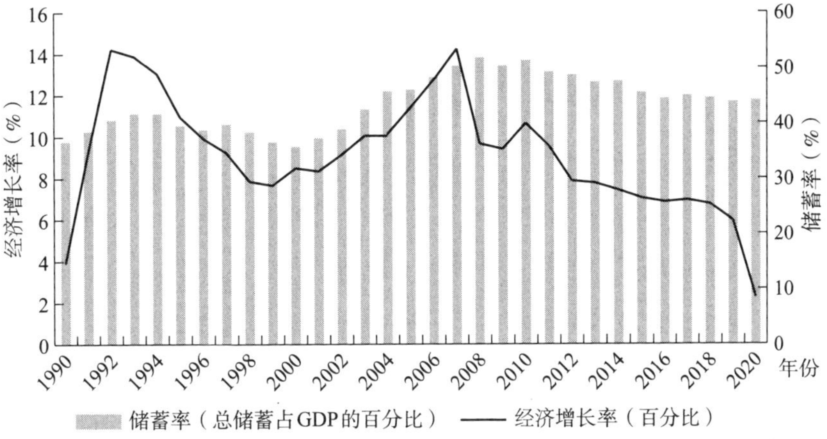

图 4-5　1990—2020 年我国储蓄率与经济增长率的变动

资料来源：储蓄率由《中国统计年鉴》（1991—2021）数据计算得出。经济增长率来自世界银行数据库。

储蓄率普遍高于低等收入国家的储蓄率。对于人均收入水平较低的国家，其恩格尔系数较高，留作储蓄的部分相对较少，但收入水平和储蓄率的提高并不是同步的，如收入水平较高的美国，由于边际消费倾向也高，居民储蓄率从 20 世纪 60 年代开始就一直下降，尽管美国政府尝试各种举措来提高储蓄率助推经济增长，然而效果并不理想。

较高的储蓄率会带来投资的增加，进而使厂商有较充足的资金用于扩大再生产，同时较高的储蓄率会通过增加资本存量最终带来消费和产出水平的提高。可见，在我国总储蓄中占比最高的居民储蓄对经济增长起着非常重要的作用。

4. 2. 2　居民储蓄对金融系统的影响

受传统节俭观念的影响，我国居民在长期的生活中形成了储蓄意识，促使我国的居民储蓄率一直保持高位。由于我国资本市场起步较晚，大量居民储蓄资金缺乏有效的投资渠道，致使居民储蓄中大量资金进入金融机构，一方面为金融机构带来难得的机遇，另一方面也为金融机构带来了巨大的挑战。商业银行作为营利性的金融机构，其最主要的收入来源为存贷款的利差。为了保持盈利增长，商业银行必须尽量多地投放贷款，但面对银行业监管机构的考核要求，商业银行又必须尽量多地吸收存款。我国自2001年正式加入世界贸易组织起，逐步放开了金融机构的准入条件，直接促使大量商业银行特别是全国性的商业银行、合资及外资商业银行纷纷成立。在这两方面因素的作用下，商业银行的竞争局面持续加剧，绝大多数商业银行在想方设法地揽储，而揽储的最直接手段就是各式的加息、承诺高收益等，这又导致商业银行吸收存款的成本进一步提高，存贷款利差收窄，为了盈利不得不进一步扩大存贷款规模。对居民而言，相对高收益、低风险的各项存款类产品也变相引导居民将闲置资金优先存入银行。这些因素叠加导致我国居民储蓄率持续走高。

居民储蓄率的走高给商业银行也带来了一定的挑战。商业银行吸收进来的大量居民储蓄存款形成了银行系统的负债，在经济繁荣时期，企业利润有保障，还本付息的能力强，银行收益高，金融风险相对较小；在经济不景气时期，企业运行困难，资金周转不灵，不能按期还本付息，导致银行的资产质量下滑，进而导致计提拨备的增加，这会严重影响银行的经营能力，还可能引发一系列不良反应，如由于储户担心银行破产倒闭，会出现排队取款的现象，加剧金融机构的系统性风险。一旦经济进一步萎靡，整个银行业的不良贷款会持续上升，进而导致生产企业、投资领域和金融系统受到巨大的冲击，从而不利于经济的稳定增长。因此，银行业能否稳定发展对金融系统能否稳定运行具有举足轻重的作用。

4.2.3 居民储蓄对资本市场的影响

我国是世界上为数不多的高储蓄率国家之一，从20世纪末我国确立市场经济地位以来，无论是城镇居民储蓄率还是农村居民储蓄率，均表现出不断上升的趋势。面对不断增加的居民储蓄，以营利为目的的商业银行必然要为其过剩的流动资金寻找更多的获利途径，从而导致大量剩余资金进入股票市场、房地产市场，催生了资产泡沫。

4.2.3.1　大量居民储蓄资金进入证券市场

我国分别于 1990 年和 1991 年建立的上交所和深交所对我国资本市场发展起到了巨大的推进作用。证券市场的建立在资金需求者和资金闲余者之间搭建起了一座资金沟通的桥梁，不但可以提高资金的使用效率，还能为资金所有者提供分配企业盈余的机会。但是，由于我国资本市场起步晚，相关法规体制不完善，大量居民储蓄进入证券市场可能会带来巨大亏损，进而引发一系列矛盾，扰乱社会安定。我国过高的储蓄率导致大量资金进入证券市场，加剧了资本市场的风险。

此外，由于我国资本市场体制机制不健全，居民对证券市场的认识只停留在表面，缺乏对更深层次的资本运作的了解，一般偏向于资本投机，使一些不法分子趁机钻了空子，采用虚假宣传和夸大盈利的策略致使居民手中的大批储蓄资金从银行流向证券市场，为实体经济发展和经济平稳运行埋下祸端。

4.2.3.2　大量居民储蓄资金进入房地产市场

从 1998 年开始实行的住房改革全面停止了住房实物分配，逐步实行住房分配货币化，买房成了很多无房居民生活中的头等大事，从而使较多的居民储蓄资金流入房地产市场。受监管不到位、相关体制机制不健全等的影响，新兴的房地产业成为暴利行业，吸引大批资金流入，催生房价节节攀高。相关资料显示，商品房平均销售价格从 1998 年到 2013 年上涨超过 3 倍，在一些大城市动辄几万元一平方米的高房价更是让很多年轻人望房兴叹。1998—2020 年我国商品房及住宅均价变动情况见图 4-6。房价与居民收入水平的不协调，加上日益严峻的就业形势，年青一代的生活压力日渐加重。大量居民储蓄资金流入房地产市场会对消费品市场造成挤占，导致有效需求不足，进而不利于宏观经济运行。

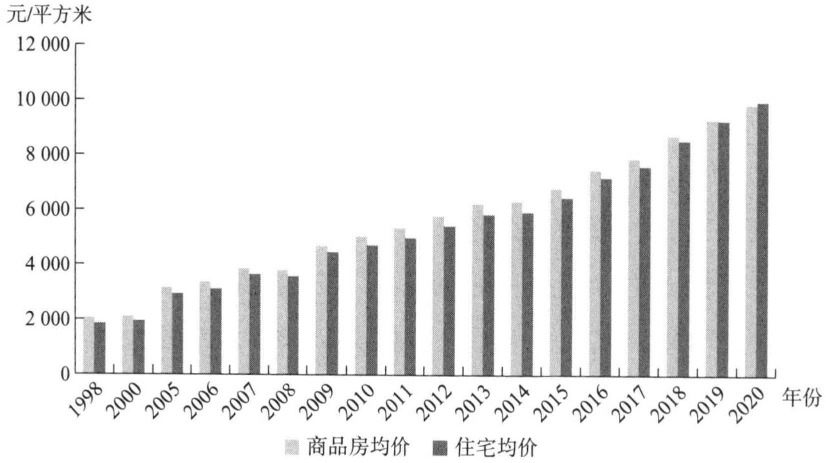

图 4-6　1998—2020 年我国商品房及住宅均价的变动

资料来源：《中国统计年鉴》（1999—2021）。

房贷政策在帮助很多人实现“居者有其屋”梦想的同时，也让买房者背负了巨大的房贷压力，为了尽快还清贷款，居民不得不增加储蓄。大量居民储蓄资金流入房地产市场推高了房价，但同时储蓄者也要承担高房价之下的高房贷，他们通过努力增加储蓄来偿还贷款。可见，高储蓄和高房价之间是一种相互影响的关系。

4.3　居民储蓄率与经济增长关系的假说

储蓄率与经济增长之间具有密切关系。作为经济增长中投资的重要资金来源，储蓄对一个国家的经济增长发挥着重要作用。储蓄率与经济增长的均衡关系是决定一个国家国民收入水平和经济发展状况的关键因素。在对储蓄率与经济增长之间关系进行研究的过程中，经济学家们得出储蓄率对经济增长有显著正向影响的结论，如亚洲几个主要经济体的经济腾飞均主要得益于它们较高的储蓄率水平。新古典增长理论认为，初始人均资本存量较低的不发达国家通过提高储蓄率和投资率，经济增长速度会高于那些人均资本存量较高的国家，随着经济提速和资本积累水平的进一步提高，经济落后国家和经济发达国家之间的差距最终会缩小。在经典索罗模型的框架下，初始资本存量较低的国家具有较高的资本边际产出，在高储蓄率与高资本产出率的共同作用下，经济将迎来短暂的高增长。罗默等（1986）的内生增长理论认为，由于资本积累具有外部性，受到人力资本积累和“干中学”等因素的影响，资本的边际收益未必减少，提高储蓄率会带来经济的持续高增长。罗斯托（1993）的“起飞”理论也指出，一个国家如果要顺利实现经济腾飞，储蓄率或投资率首先要达到 10%以上，低于这个水平，经济想要实现“起飞”几乎是不可能的。于是，一些经济不发达国家纷纷效仿，高储蓄率或高投资率对经济增长的潜在促进作用得到了很多国家的认同。

通过提高本国储蓄率促进经济增长的理论依据在于，较高的储蓄率通过增加可信贷的资金总量来提高投资，进而通过乘数的作用实现经济增长的目的。一些落后国家和地区通过提高储蓄率的方式促使经济取得了预期效果，这表明储蓄率对经济增长率的提高有着不可替代的作用。

假说 1：居民储蓄率对一个国家的经济增长具有促进作用。

观察世界各主要国家（地区）的居民储蓄率与经济增长情况，可以明显看出，经济发展较快地区的储蓄率水平较高，然而在经济运行到一定阶段后，居民储蓄率水平会下降，之后逐渐趋稳。可见，居民储蓄率与经济增长之间并非总是呈线性关系，过高的储蓄率可能遏制消费需求从而不利于经济增长。

假说 2：居民储蓄率与经济增长之间存在倒“U”形关系。

4.4 小结

本章主要分析了我国居民储蓄率和经济增长的总体情况，通过我国与世界主要经济体经济增长水平的比较，指出我国经济在改革开放之后飞速发展，并分别从三大产业对经济增长的贡献率、地区差异及国别等方面进行了讨论；详细分析了储蓄率与经济增长的关系，讨论了居民储蓄率对金融市场和资本市场的影响，并提出居民储蓄率与经济增长关系的假说。

第5章

实证检验

本章使用微观家庭调查数据验证家庭储蓄率的影响因素，由于所使用数据库公布的官方数据更新到2013年，故本章的实证数据也选取到2013年。尽管从时效性来看，该数据有明显的滞后性，但是作为主要的微观家庭调查数据之一，该数据具有一定的代表性，也能较客观地反映我国自改革开放以来随着经济不断发展，居民家庭收入、储蓄等变化的实际情况。本书选取1995—2013年中国家庭收入调查数据库中1995年、1999年、2002年、2007年和2013年这五个代表年份的数据对家庭储蓄率的影响因素进行探讨，着重考察家庭年龄结构（老人占比）和子女性别差异对家庭储蓄率的影响。

5.1 人口结构与家庭储蓄率

储蓄率作为重要的宏观经济指标一直备受关注，它不仅和消费有密切关系，也对投资起着非常重要的作用。我国的“高储蓄率之谜”一直是经济学家和专家学者关注的焦点。纵观中国经济增长的不同时期，高储蓄率和高经济增长率几乎是相伴而生的，高储蓄率未必是导致高经济增长率的充分必要条件，但从储蓄带动投资进而促进经济增长的角度来看，高储蓄率可能是高经济增长率的一个必要条件。储蓄包含国内储蓄和国外储蓄两个方面，而国内储蓄又分为家庭储蓄、企业储蓄和政府储蓄，在国内储蓄居高不下的年份，家庭储蓄在国内储蓄中的比重较大，而且与居民储蓄率保持了较一致的变动趋势。为了更好地了解储蓄的变动情况，本书着重从家庭年龄结构和子女性别差异两方面分析影响家庭储蓄率的因素。需要说明的是，为了和子女对家庭储蓄率的影响进行区分，本章的年龄结构特指65岁及以上老人在家庭总人口中的占比。已有对储蓄率的研究多基于宏观视角，使用省级面板数据进行实证研究，本章从家庭层面解释储蓄率的变动原因及具体影响机制，可为从微观视角对储蓄率进行研究提供有益的借鉴。

5.1.1 城镇家庭年龄结构和子女性别结构与储蓄率

5.1.1.1 理论基础和数据模型

（1）理论基础

本部分从微观家庭视角出发，分析不同家庭规模下年龄结构和性别差异导致的家庭储蓄率变化。家庭由不同年龄成员构成，在家庭规模一定的前提下，各成员的消费和储蓄具有不同的特点。家庭的消费和储蓄取决于家庭内部成员之间如何进行消费和储蓄的分配。相对而言，在生活消费支出方面，少儿的优先级和重要性较高，在收入一定的前提下，少儿占比较高家庭的消费支出可能会挤占老年人消费支出，因此家庭中老人和少儿的占比情况会影响家庭消费，进而影响家庭储蓄水平。

此外，在家庭抚养子女方面，由于养男孩和养女孩存在养育方式和未来期望上的差异，也会带来家庭消费和储蓄的不同安排。首先，受“穷养儿、富养女”观念的影响，相对于男孩，养育女孩要更精细，可能需要家庭更多的物质投入；其次，由于生育子女数量的下降，女孩可以获得和男孩一样公平的受教育权利，家庭在这方面的支出较以前会有所增加；最后，受传统文化的影响，以及遗赠动机的作用，人们大多认为，女孩以后迟早要嫁人，与存大量的钱让女儿婚后带去男方家相比，父母更愿意多花钱在女孩身上，而养育男孩的家庭由于要考虑买房、迎娶彩礼等现实问题，父母往往更愿意存更多的钱以备不时之需。基于以上分析，养育男孩家庭和养育女孩家庭往往会做出不同的消费和储蓄决策。

本章在胡翠等（2004）的框架下，假定一个经济社会中有一个代表性家庭，存在一个代表性决策者，那么居民储蓄率就可以看作该家庭效用最大化问题的最优解。假定代表性家庭以其所有收入来选择消费和储蓄，以最大化其效用水平，那么该家庭的最大效用为

$$\max\sum_{t=0}^{T}\beta^{t}\frac{[g(l_th_t)c_t]^{1-\gamma}}{1-\gamma} \tag{5-1}$$

$$s.t.\ (1+r_t)A_t+y_t-c_t=A_{t+1} \tag{5-2}$$

式中，t 表示时间变量；$\frac{[g(l_th_t)c_t]^{1-\gamma}}{1-\gamma}$表示代表性家庭决策者的瞬时效用函数；$c_t$表示 t 时期家庭总消费；β 表示贴现因子，是决策者不同时期的消费喜好程度；l_t表示老年人口的家庭占比；h_t为少儿人口的家庭占比；A_t表示 t 时期家庭总财富值，家庭从第一期开始积累财富，期初的财富值为 0，财富在不同时期可以通过金融部门进行转移；r_t 表示存贷款利率；y_t 表示家庭的现期收入，包括工资性收入和其他收入。

由家庭消费的最优路径可得

$$\frac{c_{t+1}}{c_t}=[\beta(1+r_{t+1})]^{\frac{1}{\gamma}}\left[\frac{g(l_{t+1}h_{t+1})}{g(l_th_t)}\right]^{\frac{1-\gamma}{\gamma}} \tag{5-3}$$

由式（5-3）和式（5-2）可得c_0为家庭各期收入贴现值$\sum_{t=0}^{T}\frac{y_t}{(1+r_t)^t}$、$\beta$、$r$ 的函数。

若 c_0、l_0、h_0 分别表示代表性家庭期初的消费、老年人口占比和少儿人口占比，那么代表性家庭在每一期的消费为

$$c_t=c_0\beta^{\frac{t}{\gamma}}[\prod_i^t=1(1+r_i)]^{\frac{1}{\gamma}}\left[\frac{g(l_th_t)}{g(l_0h_0)}\right]^{\frac{1-\gamma}{\gamma}} \tag{5-4}$$

则代表性家庭的储蓄率可表示为

$$s_t=\frac{y_t-c_t}{y_t}=1-\frac{c_t}{y_t}=1-\frac{c_0\beta^{\frac{t}{\gamma}}[\prod_i^t=1(1+r_i)]^{\frac{1}{\gamma}}\left[\frac{g(l_th_t)}{g(l_0h_0)}\right]^{\frac{1-\gamma}{\gamma}}}{y_t} \tag{5-5}$$

令 $PH=c_0\beta^{\frac{t}{\gamma}}[\prod_{i}^{t}=1(1+r_i)]^{\frac{1}{\gamma}}[g(l_0h_0)]^{\frac{\gamma-1}{\gamma}}$ （5-6）

则式（5-5）可简写为

$$s_t=1-\frac{PH[g(l_th_t)]^{\frac{1-\gamma}{\gamma}}}{y_t} \quad (5\text{-}7)$$

由式（5-7）可知，储蓄率不仅取决于家庭收入水平、贴现因子、利率水平，还取决于家庭构成中的老人、少儿占比情况。

对式（5-7）进行全微分可得

$$ds_t=\left[\frac{PHg_t^{\frac{1}{\gamma}}}{(y_tg_t)^2}\left(\frac{\partial y_t}{\partial l_t}g_t-\frac{\partial g_t}{\partial l_t}y_t\right)+\frac{1}{\gamma}\frac{PHg_t^{\frac{1}{\gamma}}y_t}{(y_tg_t)^2}\frac{\partial g_t}{\partial l_t}\right]\mathrm{d}l_t+$$

$$\left[\frac{PHg_t^{\frac{1}{\gamma}}}{(y_tg_t)^2}\left(\frac{\partial y_t}{\partial h_t}g_t-\frac{\partial g_t}{\partial h_t}y_t\right)+\frac{1}{\gamma}\frac{PHg_t^{\frac{1}{\gamma}}y_t}{(y_tg_t)^2}\frac{\partial g_t}{\partial h_t}\right]\mathrm{d}h_t \quad (5\text{-}8)$$

可见，家庭储蓄率的变化取决于家庭中老人占比和少儿占比的变动情况。等式右边第一个中括号为 s_t 对 l_t 的偏导数，老人占比对家庭储蓄率的影响取决于$\frac{\partial s_t}{\partial l_t}$的符号，如果符号为正，表明老人占比对家庭储蓄率的影响为正，即老人占比越高，家庭储蓄率越高；如果符号为负，则情况正好相反。等式右边第二个中括号为 s_t 对 h_t 的偏导数，少儿占比对家庭储蓄率的影响取决于$\frac{\partial s_t}{\partial h_t}$的符号，其影响机制同老人占比相同。

（2）模型设定

$$\mathrm{sav}=\beta_0+\beta_1age65+\beta_2inc+\beta_3g15+\beta_4b15+\beta_5hnum+\beta_6hedu+\varepsilon \quad (5\text{-}9)$$

式中，β_0 表示截距项；$age65$ 表示 65 岁及以上老人在家庭中的占比；inc 表示家庭人均可支配收入；$g15$ 表示 15 岁以下女孩在家庭中的占比；$b15$ 表示 15 岁以下男孩在家庭中的占比；$hnum$ 表示家庭规模；$hedu$ 表示户主受教育程度；ε 表示误差项。考虑到将小孩性别比例对家庭储蓄率的影响加入理论模型进行讨论的情况要复杂得多，本书在理论模型分析中只考虑了少儿占比和老人占比对家庭储蓄率的影响，而对于小孩性别比例对家庭储蓄率的影响机制和影响效果，在实证模型中对 15 岁以下男孩在家庭中的占比和 15 岁以下女孩在家庭中的占比分别进行考察。

5.1.1.2　数据处理及样本描述

（1）数据处理

本章开篇已交代，选取 1995—2013 年中国家庭收入调查数据库中 1995 年、1999 年、2002 年、2007 年和 2013 年的数据进行分析，这里需要说明的是，选取的样本包括城镇样本和农村样本。实证模型中需要的居民家庭人均可支配收入数据在 2008 年的调查中未给出具体数值，只有是否满意的选项，不能进行定量分析，故剔除了 2008 年的数据。该数据库中 1999 年农村数据缺失，因此选取的样本中不包含 1999 年的农村样本，1995 年、2002 年、2007 年和 2013 年既有城镇样本也有农村样本。本章在对家庭储蓄率进行分析时着重考察年龄结构（家庭中老人占比）对家庭储蓄率的影响，剔除了户主年龄小于 20 岁和大于 90 岁的极端样本。对由于统计误差导致家庭消费支出项空白造成个别家庭储蓄率大于 1 的情形，也进行剔除。考虑到居民家庭真实的收支情况，对储蓄率为负值的情况进行了保留，但对个别极端负值进行了剔除。需要说明的是，本章考察的另外一个指标为子女性别，但在实际操作环节选用了家庭中小孩的性别，之所以这样处理，主要出于两方面的考虑：一是样本中有小孩的家庭在总调查家庭中的比例并不高，如果只选用有子女的家庭，样本量太少；二是家庭中小孩为非子女的情况比较少，这样处理之后，对实证结果的影响不大。

（2）样本描述（见表 5-1、表 5-2）

表 5-1　城镇、农村各指标的含义

指标	含义
sav	家庭储蓄率（家庭可支配收入-家庭消费支出）/家庭可支配收入
*age*65	65 岁及以上老人在家庭中的占比

续表

指标	含义
inc	家庭人均可支配收入，取对数形式
*g*15	15 岁以下女孩在家庭中的占比
*b*15	15 岁以下男孩在家庭中的占比
hedu	户主受教育程度，用户主上学年限来表示
hnum	家庭规模，即家庭总人口数

表 5-2　城镇样本总体情况

变量	样本数	均值	方差	最小值	最大值
sav	28 640	0. 165	0. 455	-10	1
*age*65	28 640	0. 103	0. 251	0	1
inc	28 640	3. 875	0. 352	1. 872	5. 517
*g*15	28 640	0. 059	0. 125	0	0. 600
*b*15	28 640	0. 063	0. 127	0	0. 667
hedu	28 640	9. 618	3. 821	0	31
hnum	28 640	3. 020	0. 902	1	9

该样本包含 28 640 个城镇样本，各代表年份样本情况、家庭年龄结构和家庭中小孩性别分布情况见表 5-3。

表 5-3　城镇家庭年龄结构与小孩性别样本分布情况

年份	有老人家庭		有男孩家庭		有女孩家庭	
	数量（家）	占比（%）	数量（家）	占比（%）	数量（家）	占比（%）
1995	993	14. 52	1 784	26. 09	1 713	25. 05
1999	797	20. 05	760	19. 12	757	19. 04
2002	1 071	15. 82	1 347	19. 89	1 262	18. 64
2007	1 032	20. 75	881	17. 72	799	16. 07
2013	1 564	23. 78	1 174	17. 85	1 008	15. 32

从表 5-3 中可以看出，城镇家庭中有老人家庭占比基本呈逐年上升趋

势，其中 1999 年数据波动较大。城镇家庭中有小孩家庭占比呈现出较强的下降趋势，这和城镇家庭实际人口情况变化趋势一致。城镇家庭中有小孩家庭占比在 1999 年下降得比较明显，之后各年的下降趋势基本平稳。城镇家庭中无论男孩占比还是女孩占比，均保持在相对稳定的水平上，男孩占比略高于女孩占比可能是出生率下降和男女比例失衡所致。

5.1.1.3 实证分析

（1）样本回归

由于中国家庭收入调查并非追踪调查，每年调查的样本家庭不同，因此不能进行面板回归。本书实证研究采用独立混合截面数据进行估计，分别考察年龄结构和小孩性别差异对家庭储蓄率的影响，其他变量均为控制变量。其中，人均可支配收入以 1995 年为不变价格，按照消费指数进行平减后得到对数值。为了解决样本可能存在的异质性问题，在回归中加入了各年份的虚拟变量，回归结果见表 5-4、表 5-5。

表 5-4 城镇家庭居民储蓄率实证结果（OLS）

	(1)	(2)	(3)	(4)	(5)	(6)
age65	0.0744*** (0.0106)	0.0453*** (0.0101)	0.0502*** (0.0102)	0.0596*** (0.0103)	0.0393*** (0.0104)	0.0703*** (0.0105)
inc		0.544*** (0.00976)	0.548*** (0.00981)	0.555*** (0.00988)	0.595*** (0.0103)	0.642*** (0.0106)
g15			0.0861*** (0.0206)	0.115*** (0.0212)	0.146*** (0.0213)	0.0816*** (0.0214)
b15				0.120*** (0.0208)	0.153*** (0.0209)	0.0849*** (0.0211)
hedu					-0.0103*** (0.000819)	-0.00989*** (0.000814)
hnum						0.0578*** (0.00301)
y2007	-0.0166* (0.00860)	0.0649*** (0.00830)	0.0654*** (0.00829)	0.0663*** (0.00829)	0.0185** (0.00910)	0.0320*** (0.00907)

续表

	(1)	(2)	(3)	(4)	(5)	(6)
y2002	−0.0767*** (0.00793)	0.161*** (0.00866)	0.162*** (0.00866)	0.164*** (0.00866)	0.182*** (0.00875)	0.204*** (0.00877)
y1999	−0.161*** (0.00915)	0.130*** (0.0101)	0.131*** (0.0101)	0.134*** (0.0101)	0.155*** (0.0102)	0.181*** (0.0103)
y1995	−0.160*** (0.00797)	0.174*** (0.00965)	0.174*** (0.00965)	0.174*** (0.00964)	0.192*** (0.00972)	0.220*** (0.00977)
常数	0.238*** (0.00594)	−2.057*** (0.0415)	−2.080*** (0.0419)	−2.118*** (0.0424)	−2.179*** (0.0426)	−2.552*** (0.0466)
样本数	28 640	28 640	28 640	28 640	28 640	28 640
R^2	0.025	0.120	0.121	0.122	0.126	0.138

注：***、**和*分别表示 $p<0.01$、$p<0.05$ 和 $p<0.1$。括号内为标准误。

表 5-5　城镇家庭储蓄率实证结果（加入 WLS）

	OLS						WLS
	(1)	(2)	(3)	(4)	(5)	(6)	(7)
age65	0.0744*** (0.0106)	0.0453*** (0.0101)	0.0502*** (0.0102)	0.0596*** (0.0103)	0.0393*** (0.0104)	0.0703*** (0.0105)	0.0704*** (0.0143)
inc		0.544*** (0.00976)	0.548*** (0.00981)	0.555*** (0.00988)	0.595*** (0.0103)	0.642*** (0.0106)	1.027*** (0.0131)
g15			0.0861*** (0.0206)	0.115*** (0.0212)	0.146*** (0.0213)	0.0816*** (0.0214)	0.176*** (0.0284)
b15				0.120*** (0.0208)	0.153*** (0.0209)	0.0849*** (0.0211)	0.205*** (0.0286)
hedu					−0.0103*** (0.000819)	−0.00989*** (0.000814)	−0.0163*** (0.00110)
hnum						0.0578*** (0.00301)	0.0808*** (0.00403)
y2007	−0.0166* (0.00860)	0.0649*** (0.00830)	0.0654*** (0.00829)	0.0663*** (0.00829)	0.0185** (0.00910)	0.0320*** (0.00907)	0.0445*** (0.0118)
y2002	−0.0767*** (0.00793)	0.161*** (0.00866)	0.162*** (0.00866)	0.164*** (0.00866)	0.182*** (0.00875)	0.204*** (0.00877)	0.387*** (0.0111)

续表

	OLS						WLS
	(1)	(2)	(3)	(4)	(5)	(6)	(7)
*y*1999	-0. 161*** (0. 00915)	0. 130*** (0. 0101)	0. 131*** (0. 0101)	0. 134*** (0. 0101)	0. 155*** (0. 0102)	0. 181*** (0. 0103)	0. 348*** (0. 0123)
*y*1995	-0. 160*** (0. 00797)	0. 174*** (0. 00965)	0. 174*** (0. 00965)	0. 174*** (0. 00964)	0. 192*** (0. 00972)	0. 220*** (0. 00977)	0. 456*** (0. 0126)
常数	0. 238*** (0. 00594)	-2. 057*** (0. 0415)	-2. 080*** (0. 0419)	-2. 118*** (0. 0424)	-2. 179*** (0. 0426)	-2. 552*** (0. 0466)	-4. 175*** (0. 0568)
样本数	28 640	28 640	28 640	28 640	28 640	28 640	28 640
R^2	0. 025	0. 120	0. 121	0. 122	0. 126	0. 138	0. 190

注：***、**和*分别表示$p<0.01$、$p<0.05$和$p<0.1$。括号内为标准误。

（2）回归结果

在回归结果中，本书关注的是表征家庭年龄结构的老人占比和小孩性别占比对居民储蓄率的影响。*age*65 的实证结果表明，城镇家庭中老人占比与居民储蓄率之间存在显著正相关关系。从逐项回归结果来看，该影响效果稳健，家庭中 65 岁及以上老人占比每提高 1%，会使居民储蓄率上升 0. 07%。小孩性别对居民储蓄率的影响通过家庭中 15 岁以下男孩占比和 15 岁以下女孩占比来体现。*g*15 的实证结果表明，城镇家庭中 15 岁以下女孩占比与居民储蓄率显著正相关，15 岁以下女孩占比每提高 1%，会使居民储蓄率提高 0. 176%。*b*15 的实证结果表明，城镇家庭中 15 岁以下男孩占比与居民储蓄率显著正相关，15 岁以下男孩占比每提高 1%，会使居民储蓄率上升 0. 205%。城镇家庭中 15 岁以下男孩占比对居民储蓄率的影响比 15 岁以下女孩占比大，说明城镇家庭中抚养男孩比抚养女孩需要花费更多的钱。

收入作为影响家庭储蓄率非常重要的因素，其回归结果 *inc* 前的系数显著为正，且一直稳健，表明收入和居民储蓄率之间存在正向关系。从影响系数来看，在各变量中，收入对居民储蓄率的影响是最大的，进一步说明收入对居民储蓄率变动的重要性。户主受教育程度 *hedu* 的影响系数为负，表明受教育程度与居民储蓄率之间存在负相关关系，这与实际情况也较为相符。家庭规模 *hnum* 对居民储蓄率的影响显著为正，表明居民储蓄率会随着家庭人口数的增加而提高。

（3）结果分析

按照传统生命周期理论的观点，人们在青年时期消费，中年时期存钱，老年时期花钱，因此在整个生命周期中，青年阶段和老年阶段比中年阶段具有更多的消费支出和更少的收入，家庭需要较多的储蓄来应对家庭中老、少的消费支出。

老人占比越高的家庭，预期消费支出越多，主要原因在于随着老人年龄的增长，家庭中医疗、养老等方面的支出会接踵而至。对于老人较多的家庭而言，需要进行较多的储蓄来应对老人退休之后的生活，因此相对于老人较少的家庭，老人较多的家庭居民储蓄率较高。

家庭养育女孩和居民储蓄率之间存在正向关系。家庭会进行必要的储蓄，以应对孩子未来的成长、教育和医疗等方面支出，因为孩子只有消费，没有任何收入，是家庭的抚养负担，同时又是家庭的希望。家庭为孩子的教育和成长储蓄一定的资金，会促使居民储蓄率长期保持在较高的水平上。

男孩占比与家庭储蓄率的关系与女孩占比类似。本书实证选用数据的时期，我国的人口政策允许一对夫妇只能生育一个孩子。对于城镇家庭而言，男孩和女孩的养育可能会有一些不同，但差别不会太大，男孩和女孩基本能接受相同的教育，因此家庭储蓄率与少儿占比表现出明显的正向关系。不同之处在于，养育男孩的家庭可能会有为其购房的经济压力，致使家庭在消费和储蓄的决策上有不同的侧重点。

户主受教育程度作为家庭教育水平的代理变量，对家庭储蓄率的影响为负，虽然系数不大，但在99%的置信区间上显著，说明家庭的受教育程度对家庭储蓄率有负向影响，这一结果和实际情况也是相符的。一般而言，收入水平高的家庭，消费水平也相对偏高，由于家庭受教育程度较高，其收入预期也偏高，因此在消费和储蓄的选择上相对更注重消费，甚至会有借贷消费的情况，导致其家庭储蓄率降低。

家庭规模对家庭储蓄率的影响为正也是显而易见的。劳动力从某种程度上而言就是生产力，人口相对较多的家庭，在正常就业的情况下，家庭收入也较高。人口规模对家庭储蓄率的影响为正与实际情况相符。

本章实证使用的微观家庭调查数据（CHIP）是一项针对居民家庭相关行为的调查数据，为非追踪调查数据，每年的调查样本具有一定的随机性。为解决不同年份调查样本的异方差问题，在普通 OLS 回归之后，本章使用 WLS 回归对可能存在的异方差问题进行处理，处理后的结果显示在表 5-5（7）列。通过比较可知，使用 WLS 进行回归后的结果更为有效。

特别需要说明的是，本书使用微观家庭调查数据进行独立混合截面回归，该样本足够大，将不同时点从同一总体中抽取的多个随机样本混合起来使用，能够获得更精密的估计量和更有效的检验统计量，但需要因变量和某些自变量之间保持不随时间变化的关系，该混合才更为有效。为了避免因变量与自变量之间的关系随时间变化给实证结果带来影响，本书的实证部分参照伍德里奇在其基于独立混合截面数据的实证分析中提到的方法，在模型中加入了年度虚拟变量，后文对农村家庭的实证分析使用了同样的方法。

5.1.2 农村家庭年龄结构和子女性别结构与储蓄率

5.1.2.1 理论基础和数据模型

农村家庭的理论基础与数据模型同城镇家庭一致，本章旨在根据具体微观数据验证人口结构对居民储蓄率影响的城乡差异，故对城镇家庭和农村家庭分别进行分析。

5.1.2.2 数据处理及样本描述

（1）数据处理

对农村家庭数据的处理方法与城镇家庭相同。需要说明的是，该调查1999年农村数据缺失，因此样本中不包含1999年的农村样本。

（2）样本描述

农村家庭各指标的含义同城镇，这里不再赘述。农村样本总体情况见表5-6。

表5-6　农村样本总体情况

变量	样本数	均值	方差	最小值	最大值
sav	34 874	0.119	0.786	-9.843	1
*age*65	34 874	0.078	0.197	0	1
inc	34 874	3.431	0.383	1.829	5.037
*g*15	34 874	0.069	0.124	0	0.750
*b*15	34 874	0.085	0.132	0	0.750
hedu	34 874	6.907	2.828	0	20
hnum	34 874	4.028	1.372	1	18

该样本包含34 874个农村样本，其中农村家庭缺少1999年的数据，其余各年份样本情况、家庭年龄结构和家庭小孩性别分布情况见表5-7。

表5-7　农村家庭年龄结构与小孩性别样本分布情况

年份	有老人家庭		有男孩家庭		有女孩家庭	
	数量（家）	占比（%）	数量（家）	占比（%）	数量（家）	占比（%）
1995	1 312	17.09	3 431	44.68	2 881	37.52
2002	1 525	16.88	3 237	35.84	2 642	29.25
2007	1 481	18.94	2 147	27.46	1 689	21.60
2013	2 795	27.13	2 706	26.27	2 204	21.39

从表5-7中可以看出，农村家庭老人占比与城镇家庭一样，呈现出逐年上升趋势，由于1999年农村数据缺失，未列入表内。农村小孩占比呈现出较强的下降趋势，这和农村家庭实际人口变化趋势一致。可见，小孩占

比下降的趋势在农村比城镇更明显，这有可能是农村出生率比城镇出生率下降更为明显的结果。男孩占比在农村家庭表现出和城镇家庭一样的变化趋势，即男孩占比始终高于女孩占比，这和计划生育政策实施后导致的男女比例失衡的现实相吻合。此外，农村家庭中男孩占比和女孩占比的差异较大，表明农村家庭的“重男轻女”观念更为严重。

5.1.2.3 实证分析

(1) 样本回归

农村家庭居民储蓄率的实证分析与城镇家庭居民储蓄率的实证分析一样，结果见表5-8。为了较直观地对两者的实证结果进行比较，将城镇家庭居民储蓄率的实证结果和农村家庭储蓄率的实证结果放在一起进行讨论。表5-8（1）列为城镇家庭储蓄率使用OLS回归的结果，（2）列为农村家庭储蓄率使用OLS回归的结果，（3）列为城镇家庭储蓄率使用WLS回归的结果，（4）列为农村家庭储蓄率使用WLS回归的结果。农村家庭储蓄率实证结果与城镇家庭储蓄率实证结果的不同在于，农村家庭进行回归的样本数要比城镇家庭进行回归的样本数大，城镇家庭的样本数为28 640，农村家庭的样本数为34 874。此外，由于CHIP调查数据缺少1999年的数据，农村家庭的数据要比城镇家庭的数据少一年，因此在农村家庭的回归中没有1999年的年度虚拟变量。

表5-8 城镇家庭与农村家庭居民储蓄率实证结果对比

	OLS		WLS	
	（1）城镇家庭	（2）农村家庭	（3）城镇家庭	（4）农村家庭
age65	0.0703*** (0.0105)	0.137*** (0.0202)	0.0704*** (0.0143)	0.331*** (0.0302)
inc	0.642*** (0.0106)	1.209*** (0.0132)	1.027*** (0.0131)	2.419*** (0.0171)
g15	0.0816*** (0.0214)	0.257*** (0.0320)	0.176*** (0.0284)	0.540*** (0.0474)

续表

	OLS		WLS	
	（1）城镇家庭	（2）农村家庭	（3）城镇家庭	（4）农村家庭
b15	0.0849*** (0.0211)	0.234*** (0.0300)	0.205*** (0.0286)	0.379*** (0.0430)
hedu	-0.00989*** (0.000814)	-0.0233*** (0.00138)	-0.0163*** (0.00110)	-0.0519*** (0.00202)
hnum	0.0578*** (0.00301)	0.0668*** (0.00303)	0.0808*** (0.00403)	0.120*** (0.00450)
y2007	0.0320*** (0.00907)	0.356*** (0.0110)	0.0445*** (0.0118)	0.654*** (0.0167)
y2002	0.204*** (0.00877)	0.613*** (0.0117)	0.387*** (0.0111)	1.169*** (0.0176)
y1999	0.181*** (0.0103)	—	0.348*** (0.0123)	—
y1995	0.220*** (0.00977)	0.866*** (0.0134)	0.456*** (0.0126)	1.590*** (0.0179)
常数	-2.552*** (0.0466)	-4.624*** (0.0539)	-4.175*** (0.0568)	-9.105*** (0.0685)
样本数	28 640	34 874	28 640	34 874
R^2	0.138	0.200	0.190	0.370

注：***表示 $p<0.01$。括号内为标准误。

（2）回归结果

本章关注的农村家庭年龄结构中老人占比和小孩性别比例对居民储蓄率的影响与城镇家庭类似。农村家庭中老人占比与居民储蓄率之间也呈显著正相关关系，但影响系数大于城镇家庭，说明农村家庭中老人占比越高，对居民储蓄率的正向效应越大，该系数显示，农村家庭中老人占比每增加 1%，居民储蓄率会上升 0.331%。农村家庭中小孩性别比例与居民储蓄率的关系也是非常显著的，15 岁以下女孩占比越高，居民储蓄率越高，具体来说，家庭中 15 岁以下女孩占比每提高 1%，会使居民储蓄率上升

0.540%。15岁以下男孩占比与居民储蓄率也有正向关系，但不同之处在于农村家庭中15岁以下女孩占比对居民储蓄率的正向影响比15岁以下男孩占比对居民储蓄率的影响明显要大，家庭中15岁以下男孩占比每提高1%，会使居民储蓄率上升0.379%。通过与城镇家庭的结果进行比较可以发现，尽管子女性别对居民家庭储蓄率的影响都是正向的，但对城镇家庭和农村家庭的影响不尽相同。

与城镇家庭回归结果类似，收入作为居民储蓄率的重要影响因素，对居民储蓄率的影响也显著为正，但收入对农村家庭储蓄率的影响明显大于城镇家庭。家庭规模对居民储蓄率也有正向影响，区别在于农村家庭的收入和家庭规模对居民储蓄率的影响系数明显大于城镇家庭，表明农村家庭收入、人口的多少与居民储蓄率的相关性比城镇家庭强。户主受教育程度对居民储蓄率的影响与城镇家庭的情况基本一样，都是负相关。

（3）结果分析

家庭中老人占比对居民储蓄率的影响为正，是由于随着老人年龄的增长，在基本生活开销外，还要增加医疗和养老支出，尤其是对农村家庭的老人而言，上了年纪就意味着丧失了劳动力，基本没有收入，而城镇家庭的老人尽管退休以后收入会减少，但比农村家庭的老人没有收入要好很多。因此，相较于城镇家庭，农村老人占比高的家庭需要储蓄更多的钱用于老人养老，表现在回归结果上，农村家庭老人占比对居民储蓄率的影响明显大于城镇家庭。

农村家庭女孩占比与居民储蓄率正相关，即15岁以下女孩占比越高，居民储蓄率越高。这是由于在农村养育女孩比养育男孩省钱。这一结果也可以通过城镇家庭女孩占比与男孩占比对居民储蓄率的影响来解释。在城镇，一般家庭只能生育一个子女，无论是男孩还是女孩，在抚养和教育上的投入不会相差太多，因此表现为子女性别比例对居民储蓄率的影响差异不大。但这一差异在农村家庭表现得尤为明显。受传统观念和“重男轻女”思想的影响，农村家庭有较强的男孩偏好，“养儿防老”的观念较重，15 岁以下女孩占比高的家庭居民储蓄率也高的原因在于，较高的女孩占比使得靠儿子养老的可能性大大降低，家庭不得不用较高的储蓄来为未来养老做储备。

15 岁以下男孩占比对居民储蓄率的影响与 15 岁以下女孩占比的影响类似，但在农村表现出和城镇完全相反的结果，即男孩占比高的家庭的居民储蓄率反而低于女孩占比高的家庭，可能的原因有两个：一是农村家庭在养育男孩上所花费的成本要大于女孩，主要表现在农村家庭比较重男轻女，对男孩更舍得花钱，而男孩在食物上的消费也大于女孩。二是在农村，男孩被视为家里的顶梁柱，家庭在男孩的教育上愿意花比女孩更多的钱，导致家庭用于抚养和教育的支出存在男女性别上的显著差异，表现在回归结果上，农村 15 岁以下男孩占比高的家庭的储蓄率要低于 15 岁以下女孩占比高的家庭。

户主受教育程度是衡量家庭成员受教育水平的变量。农村家庭居民储蓄率的回归结果表明，户主受教育程度与居民储蓄率之间存在负向关系。导致这一结果的原因在于，受教育水平越高的家庭，其提升家庭生活水平的意愿越强烈，在消费和储蓄之间更愿意进行合理的选择，而非一味地将收入用于储蓄。

家庭规模对居民储蓄率的影响显著为正，充分体现了劳动力数量在农村家庭中的重要性，也在一定程度上解释了农村家庭的高生育率。在农村，人丁兴旺和家道昌盛是紧密相连的，人丁单薄与家庭衰落相关。因此，家庭规模较大意味着家中有更多的劳动力，家庭收入也会明显增加。对农村家庭而言，收入中除去用于基本生存的部分都可以拿来储蓄，因此家庭规模较大会在一定程度上促使居民储蓄率提高。

5.1.3 实证检验

5.1.3.1 异方差

本章使用微观家庭调查数据库的混合截面数据进行实证，对可能存在的异方差问题，在怀特检验后使用加权最小二乘法进行了估计，估计结果见表 5-8（3）列和（4）列。通过比较可以发现，使用 WLS 估计与使用 OLS 估计得出的结论基本一致，即人口结构变动对居民储蓄率有正向影响，子女性别比例对居民储蓄率的影响也是正向的，但使用 WLS 估计的影响系数比使用 OLS 估计的大一些，说明 WLS 估计的结果对 OLS 估计中存在的异方差问题进行了有效的修正，使用 WLS 估计的结果是有效的，且具有稳健性。

5.1.3.2 多重共线性

为了避免模型设定中存在多重共线性影响回归结果，回归前使用 VIF（方差膨胀因子）对各变量间的关系进行多重共线性检验，检验结果见表 5-9。

表 5-9 城镇及农村家庭多重共线性检验结果

变量	城镇家庭		农村家庭	
	VIF	1/VIF	VIF	1/VIF
*y*1995	2.75	0.363001	2.23	0.449 345
*y*2002	2.24	0.447125	1.87	0.533 420
inc	2.22	0.450203	1.81	0.553992
*y*1999	2.02	0.494 436		
*y*2007	1.88	0.533 144	1.51	0.660 226
hedu	1.55	0.645 855	1.07	0.932 023
hnum	1.18	0.844 512	1.22	0.821 136
*b*15	1.15	0.872 662	1.11	0.904 318
*g*15	1.14	0.876 652	1.11	0.903 547
*age*65	1.11	0.900 727	1.12	0.893 232
均值	1.72		1.45	

从表 5-9 中可以看出，VIF 系数均在 10 以下，表明模型中使用的各变量间不存在多重共线性的问题，实证结果是可以令人信服的。

本节的实证结果表明，城镇家庭居民储蓄率与家庭年龄结构和子女性别比例之间存在显著关系，65 岁及以上老人占比高的家庭居民储蓄率较高，男孩占比和女孩占比均对居民储蓄率有显著正向影响。收入水平、家庭规模对居民储蓄率也有正向影响，而户主受教育程度与居民储蓄率之间是负向关系。农村家庭的情况与城镇家庭类似，但有一定的差异：首先，65 岁及以上老人占比对居民储蓄率的影响在农村家庭比在城镇家庭表现得更为显著；其次，农村家庭女孩占比高对居民储蓄率的影响大于城镇家庭，这与城镇家庭男孩占比高对居民储蓄率的影响大于女孩占比高对居民储蓄率的影响完全相反，表明人口结构中的年龄结构和性别比例对居民储蓄率的影响在城镇和农村不尽相同。

5.2 人口结构对居民储蓄率的影响

人口结构对居民储蓄率的影响可能是多方面的。有些学者从劳动力供给层面进行分析，认为家庭构成中老年人口、劳动力人口和少儿人口的变化会影响家庭的就业情况，进而通过收入影响家庭储蓄；也有学者从社会支出层面进行探讨，认为老龄化增加了社会在养老事业和健康事业方面的投入，在一定程度上挤占了社会资本进入生产领域，导致总产出的相对变化，进而影响居民储蓄率；还有学者从人口结构变化导致家庭消费结构变化层面进行探究，认为随着家庭中老年人口的增加，家庭医疗保障支出会发生变化，而少儿占比高家庭的娱乐教育文化支出变化也会对居民储蓄率产生影响。本节在已有研究的基础上，进一步探讨家庭人口结构变动带来的消费结构变化对居民储蓄率的影响。

5.2.1 家庭消费结构的变化情况

1995—2013 年我国城镇家庭消费结构变化显著，食品、衣着、家庭设备用品及服务、杂项商品与服务四方面消费的占比明显下降，居住、交通通信、娱乐教育文化等方面的支出显著增加，医疗保健方面的支出变化较大，见表 5-10。

表 5-10 城镇家庭消费结构变化 单位:%

年份	食品	衣着	家庭设备用品及服务	医疗保健	交通通信	娱乐教育文化	居住	杂项商品与服务	储蓄率
1995	43.69	13.22	18.97	3.18	2.06	5.54	3.76	9.59	12.29
1999	43.62	9.70	8.83	6.89	5.63	11.70	8.36	5.27	18.05
2002	38.11	9.71	6.48	7.01	10.00	15.27	10.08	3.33	21.12
2007	42.02	9.79	6.39	11.17	7.36	9.36	9.74	4.17	35.04
2013	29.05	8.67	6.43	6.00	11.95	11.33	23.81	2.76	31.66

资料来源：CHIP 调查数据。

从表 5-10 中可以看出城镇家庭八大类消费的变化情况。其中，交通通信支出除 2007 年略有下降外，其他年份均上升，且上升速度较快。娱乐教育文化支出在 2002 年大幅上升，2007 年出现较大降幅，2013 年上升之后基本与 1999 年的水平相当。居住支出除在 2007 年有小幅下降外，其余年份均呈现上升趋势，其中 2013 年的上升幅度接近 2007 年的 2.5 倍，涨幅较大。医疗保健支出 1995—1999 年涨幅较大，2002 年和 1999 年支出比例基本持平，到了 2013 年，医疗保健支出比例有所下降。此外，衣着、家庭设备用品及服务、杂项商品与服务三类支出的变动趋势基本一致，都是随着收入水平的提高和居民消费支出的增加而不断下降，在总支出中的比重越来越小。食品在整个消费支出中的比重较大，符合基尼系数的规律。为了更加直观和清晰地看出各类消费的情况以便于分析，在图 5-1 中去掉了食品、衣着、家庭设备用品及服务、杂项商品与服务四类支出。

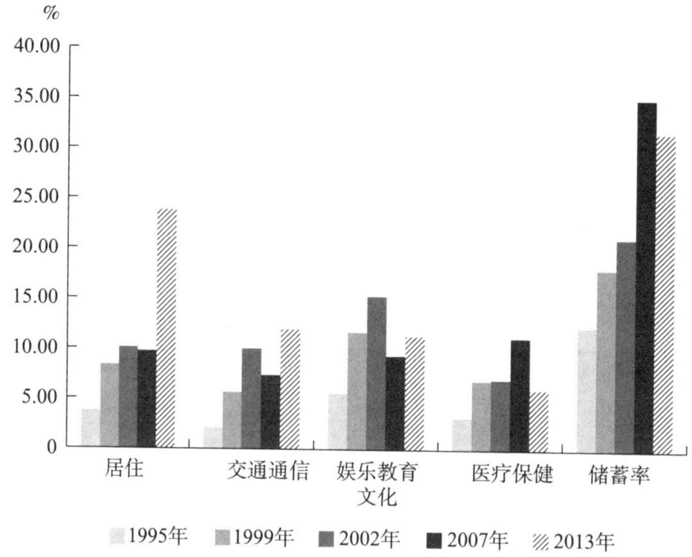

图 5-1 城镇家庭消费结构变化

资料来源：CHIP 调查数据。

从表 5-11 中可以看出，农村家庭消费支出上升幅度最大的和城镇家庭一样，依然是交通通信支出，而农村家庭消费支出（食品支出除外）中比重最大的是居住支出，这和城镇家庭的情况有所不同。农村家庭居住支出从 1995 年的不到 16%增加到 2013 年的超过 20%，呈现出持续上升的趋势。农村家庭娱乐教育文化支出在 2002 年略有下降，之后一直保持增长态势，到 2013 年，该项支出比重接近 10%。农村家庭医疗保健支出与城镇家庭该项支出的变动完全不同。自 2007 年起，农村家庭医疗保健支出持续上升。此外，衣着、家庭设备用品及服务两项支出的变动趋势基本一致，都在总支出的 5%左右徘徊，变动幅度相对平稳。杂项商品与服务支出比重在 1995—2002 年基本维持不变，2007 年之后出现大幅下跌，2013 年这一比例持续下降。农村家庭食品支出变动情况与城镇家庭基本一致，呈现出不断下降的趋势。为了更加直观和清晰地看出各类消费的情况以便于分析，与城镇家庭消费支出处理方式相同，在图 5-2 中也去掉了食品、衣着、家庭设备用品及服务、杂项商品与服务四类支出。

表 5-11 农村家庭消费结构变化 单位:%

年份	食品	衣着	家庭设备用品及服务	医疗保健	交通通信	娱乐教育文化	居住	杂项商品与服务	储蓄率
1995	37.32	8.52	7.72	3.72	3.62	8.62	15.41	15.06	31.42
2002	39.73	5.86	3.85	3.26	7.28	7.99	16.18	15.85	27.46
2007	44.12	5.46	5.10	6.33	10.28	9.21	16.96	2.53	24.72
2013	33.18	6.54	6.51	8.36	11.92	9.86	21.54	2.10	23.00

资料来源：CHIP 调查数据。

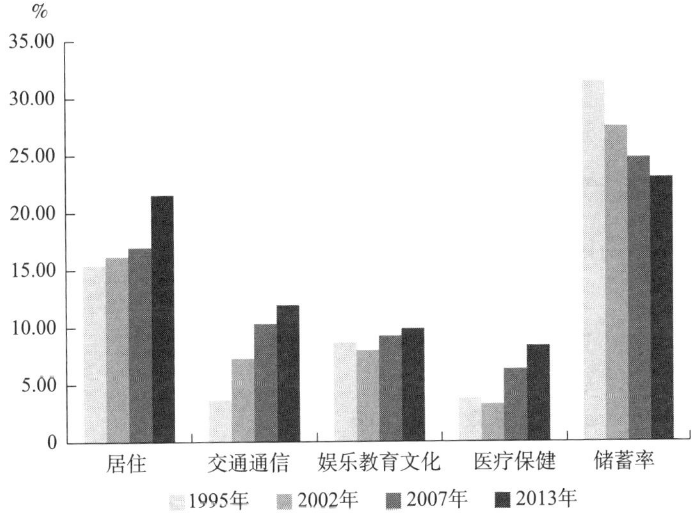

图 5-2 农村家庭消费结构变化

资料来源：CHIP 调查数据。

通过对城镇家庭和农村家庭的消费结构变动情况进行分析，可以发现，随着收入水平的提高，消费结构的变动情况在城镇家庭和农村家庭类似。其中，交通通信支出的增加可能和互联网的兴起、通信业的发展及私家车普及有关，且该变动在城镇和在农村基本一致。但是，医疗保健、娱乐教育文化和居住三类支出在城镇家庭和农村家庭的变动表现不尽相同。除食品外，城镇家庭娱乐教育文化支出的占比维持在12%左右，相比较而言，农村家庭的这一支出比例要低一些。此外，尽管医疗保健支出在城镇家庭和农村家庭总支出中的占比均不是很高，但两者却呈现出完全相反的变动趋势。另外一个显著的差异是农村家庭的居住支出在总支出中占比最高，而城镇家庭消费支出中除2013年居住支出占比较高外，其他年份娱乐教育文化支出占比相对较高。

正如前面提到过的，交通通信支出大幅上升可能与通信业和交通运输业的发展有关，而居住支出是居民安身立命的根本，也是实现居者有其屋的必要支出，会受到各种因素的综合影响，其变动机制也更为复杂。本章着重考察人口结构的变动对居民家庭消费结构的影响，进而对居民储蓄率的影响。为了探究人口结构变动带来的消费结构变化对居民储蓄率的影响，本章着重考察对城镇家庭和农村家庭消费支出影响较大的四类支出与消费的关系，进而验证人口结构通过影响消费结构对居民储蓄率产生影响的结论。

5.2.2 城镇家庭消费结构变动与居民储蓄率

5.2.2.1 样本情况及变量说明

城镇、农村家庭样本变量说明见表5-12。

表5-12 城镇、农村样本变量说明

变量	含义
live	居住支出（家庭最终消费支出中的人均居住支出）
comm	交通通信支出（家庭最终消费支出中的人均交通通信支出）
edu	娱乐教育文化支出（家庭最终消费支出中的人均娱乐教育文化支出）
med	医疗保健支出（家庭最终消费支出中的人均医疗保健支出）
age65	65岁及以上老人在家庭中的占比

续表

变量	含义
inc	家庭人均可支配收入的对数形式
g15	15岁以下女孩在家庭中的占比
b15	15岁以下男孩在家庭中的占比
hedu	户主受教育程度，用户主上学年限来表示
hnum	家庭规模，即家庭总人口数

该实证的目的在于检验人口结构变化是否通过影响消费结构来影响居民储蓄率，各解释变量的含义与前面城镇和农村家庭居民储蓄率影响部分的实证一致，主要的被解释变量为 *live*、*comm*、*edu*、*med*，分别代表消费支出中的居住支出、交通通信支出、娱乐教育文化支出和医疗保健支出。

城镇家庭样本总体情况见表5-13。

表5-13 城镇家庭样本总体情况（消费）

变量	样本数	均值	方差	最小值	最大值
live	28 640	2.571	0.710	0	5.450
comm	28 640	2.212	0.915	-0.778	4.927
edu	28 640	2.292	0.988	-0.872	4.806
med	28 640	2.072	0.925	-0.822	5.255
age65	28 640	0.103	0.251	0	1
inc	28 640	3.875	0.352	1.872	5.517
g15	28 640	0.059	0.125	0	0.600
b15	28 640	0.063	0.127	0	0.667
hedu	28 640	9.618	3.821	0	31
hnum	28 640	3.020	0.902	1	9

5.2.2.2 城镇家庭消费支出的OLS回归结果

城镇家庭消费支出（四类主要支出）的OLS回归结果见表5-14。

表 5-14　城镇家庭消费支出实证结果（OLS）

	(1) *live*	(2) *comm*	(3) *edu*	(4) *med*
age65	0.0424*** (0.0127)	-0.0921*** (0.0167)	-0.477*** (0.0202)	0.198*** (0.0211)
inc	0.617*** (0.0129)	1.084*** (0.0168)	0.958*** (0.0204)	0.803*** (0.0214)
g15	-0.157*** (0.0261)	-0.0378 (0.0341)	0.878*** (0.0413)	0.189*** (0.0433)
b15	-0.130*** (0.0257)	-0.0221 (0.0336)	0.823*** (0.0407)	0.243*** (0.0426)
hedu	0.00195** (0.000991)	0.0232*** (0.00130)	0.0368*** (0.00157)	0.00355** (0.00164)
hnum	-0.0330*** (0.00367)	0.0300*** (0.00480)	0.0945*** (0.00582)	0.0393*** (0.00609)
y2007	-0.796*** (0.0110)	-0.248*** (0.0145)	0.293*** (0.0175)	0.246*** (0.0183)
y2002	-0.559*** (0.0107)	0.105*** (0.0140)	0.212*** (0.0169)	0.185*** (0.0177)
y1999	-0.588*** (0.0125)	-0.243*** (0.0164)	-0.0393** (0.0198)	0.139*** (0.0208)
y1995	-0.926*** (0.0119)	-0.841*** (0.0156)	-0.575*** (0.0189)	-0.207*** (0.0197)
常数	0.845*** (0.0567)	-2.040*** (0.0742)	-2.076*** (0.0899)	-1.296*** (0.0941)
样本数	28 640	28 640	28 640	28 640
R^2	0.475	0.459	0.317	0.148

注：***和**分别表示 $p<0.01$ 和 $p<0.05$。括号内为标准误。

5.2.2.3　实证结果分析

表 5-14 中，各解释变量对因变量的解释效果良好。逐项来看，对于城镇家庭，老人占比与家庭居住支出正相关，老人占比每提高 1 个百分点，会导致家庭居住支出提高约 0.04 个百分点。城镇家庭中无论是男孩占比还

是女孩占比，对家庭居住支出的影响均为负，在选取的时间段内，二孩政策还未放开，城镇家庭以独生子女居多；对于独生子女家庭，孩子个数相对固定，没有出现明显增加，这对家庭居住支出有明显的减负效果。

消费支出中的交通通信支出与老人占比呈现明显的负相关，这主要是由于老人在交通出行和通信方面的支出相对较少，男孩占比和女孩占比对家庭交通通信支出的影响不明显。

对娱乐教育文化支出，城镇家庭的女孩占比和男孩占比均有正向影响，且很显著，表明城镇家庭中男孩、女孩均会带来娱乐教育文化支出的显著增加，且女孩占比高的家庭，该项支出略高于男孩占比高的家庭。老人占比与家庭娱乐教育文化支出的关系显著为负，即城镇家庭中老人越多，娱乐教育文化支出占比越低。

对医疗保健支出，城镇家庭老人占比的影响显著为正，这和老人在医疗保健方面的支出增加是高度一致的。此外，男孩占比和女孩占比对城镇家庭医疗保健支出的影响也为正，原因在于小孩比成人抵抗力弱，容易生病，从而会使家庭医疗保健支出增加。

5.2.3 农村家庭消费结构变动与居民储蓄率

5.2.3.1 样本情况及变量说明

农村家庭四大类消费支出的实证分析和城镇家庭类似，各解释变量和指标的含义也相同，样本的总体情况见表5-15。

表5-15 农村家庭样本总体情况（消费）

变量	样本数	均值	方差	最小值	最大值
live	34 874	2. 192	0. 757	−0. 845	4. 859
comm	34 874	1. 760	0. 946	−0. 903	4. 738
edu	34 874	1. 452	1. 109	−1. 276	4. 209
med	34 874	1. 385	0. 997	−1. 189	4. 717

续表

变量	样本数	均值	方差	最小值	最大值
*age*65	34 874	0. 078	0. 197	0	1
inc	34 874	3. 431	0. 383	1. 829	5. 037
*g*15	34 874	0. 069	0. 124	0	0. 750
*b*15	34 874	0. 085	0. 132	0	0. 750
hedu	34 874	6. 907	2. 828	0	20
hnum	34 874	4. 028	1. 372	1	18

5. 2. 3. 2　农村家庭消费支出的 OLS 回归结果

农村家庭的分析方法与城镇家庭相同，回归结果见表 5-16。

表 5-16　农村家庭消费支出实证结果（OLS）

	（1） *live*	（2） *comm*	（3） *edu*	（4） *med*
*age*65	-0. 0199 （0. 0152）	-0. 379*** （0. 0186）	-0. 417*** （0. 0280）	0. 279*** （0. 0246）
inc	0. 590*** （0. 00993）	0. 817*** （0. 0121）	0. 581*** （0. 0182）	0. 295*** （0. 0160）
*g*15	-0. 114*** （0. 0241）	-0. 281*** （0. 0294）	0. 869*** （0. 0442）	0. 172*** （0. 0389）
*b*15	-0. 0704*** （0. 0226）	-0. 296*** （0. 0275）	1. 138*** （0. 0414）	0. 0954*** （0. 0364）
hedu	0. 0126*** （0. 00104）	0. 0240*** （0. 00127）	0. 0427*** （0. 00190）	0. 0107*** （0. 00168）
hnum	-0. 0222*** （0. 00228）	0. 0276*** （0. 00278）	0. 0688*** （0. 00418）	-0. 0224*** （0. 00368）
*y*2007	-0. 505*** （0. 00831）	-0. 169*** （0. 0101）	-0. 243*** （0. 0152）	-0. 276*** （0. 0134）
*y*2002	-0. 618*** （0. 00881）	-0. 589*** （0. 0107）	-0. 955*** （0. 0162）	-1. 063*** （0. 0142）
*y*1995	-0. 986*** （0. 0101）	-1. 167*** （0. 0123）	-0. 585*** （0. 0185）	-0. 806*** （0. 0163）

续表

	(1) *live*	(2) *comm*	(3) *edu*	(4) *med*
常数	0.689*** (0.0406)	-0.785*** (0.0495)	-0.798*** (0.0745)	0.874*** (0.0655)
样本数	34 874	34 874	34 874	34 874
R^2	0.512	0.535	0.235	0.267

注：***表示 $p<0.01$。括号内为标准误。

5.2.3.3 实证结果分析

农村家庭中四大类消费支出的影响与城镇家庭基本相同，区别在于，农村家庭中老人占比对家庭居住支出的影响不明显。农村家庭一般居住在自建房里，老人对居住的需求影响不大。农村家庭男孩占比和女孩占比对交通通信支出有负效应，原因有两个：一是农村家庭的孩子在成人之前很少有机会出远门，家庭用于交通出行的费用较低；二是尽管互联网普及率较高，但农村家庭使用电子产品，尤其是孩子使用手机和电脑的情况并不多，因此孩子人数越多，家庭交通通信支出反而越低。无论是男孩占比还是女孩占比，都会对农村家庭的娱乐教育文化支出产生明显的正向影响，这表明农村家庭与城镇家庭一样，娱乐教育文化支出在家庭消费支出中的占比较大。还需要注意的是，在农村家庭中，男孩占比高对娱乐教育文化支出的影响更大，这与前面农村家庭居民储蓄率的实证分析结果一致。本章的实证得出以下有意思的结论：城镇家庭和农村家庭较高的老人占比增加了家庭用于医疗保健方面的支出；男孩占比和女孩占比对家庭消费的影响主要体现在娱乐教育文化支出上，且在娱乐教育文化支出方面，城镇家庭和农村家庭表现出完全不一样的特点，城镇家庭用于男孩和女孩的教育投入相当，但农村家庭在子女的教育投入上有明显的性别差异——从对农村家庭在娱乐教育文化支出方面的实证分析可以看出，农村家庭用于男孩的娱乐教育文化支出明显高于女孩；在医疗保健支出方面，农村家庭老人占比与少儿占比的影响基本与城镇家庭一致，但农村家庭老人占比的影响大于城镇家庭。

5.3 储蓄率与经济增长

储蓄率是一个国家经济增长的重要影响因素，从前文关于东南亚国家和“二战”后储蓄率与经济增长的关系可以发现，储蓄率的提高对经济增长具有明显的促进作用。“二战”后日本经济的腾飞与衰退伴随着储蓄率的上升和下降，由此，本书认为储蓄作为一个国家经济增长的重要资本源泉，与经济增长之间存在一定的关联。储蓄率与经济增长之间是否存在因果关系，高储蓄率是不是导致高经济增长率的必然因素，低储蓄率是否一定对应低的经济增长率，是本节要检验的内容。

5.3.1 拓展的索罗模型

人口结构变动会带来居民储蓄率的变化，基于人口结构的居民储蓄率变动与宏观经济增长的关系是本节研究的重点。为了构建我国人口年龄结构变动带来的经济增长效应模型，这里引入传统的索罗新古典增长理论模型，具体公式为

$$Y(t)=K^{\alpha}(t)[A(t)L(t)]^{1-\alpha} \quad (0<\alpha<1) \tag{5-10}$$

式中，$Y(t)$ 表示经济产出；$K(t)$ 表示资本积累；$A(t)$ 表示技术进步；$L(t)$ 表示劳动投入；α 表示资本的弹性系数；$1-\alpha$ 表示劳动的弹性系数。

假设劳动和技术为外生变量，即其增长率不变，用公式表示为

$$L(t)=L(0)e^{lt} \tag{5-11}$$

$$A(t)=A(0)e^{gt} \tag{5-12}$$

式中，l 表示劳动增长率；g 表示技术进步增长率。

本书在人口结构变动的基础上考察居民储蓄率对经济增长的影响，故

在实证分析中将人口年龄结构和居民储蓄率作为影响因素进行分析。借鉴 Lindh 等（1999）的研究，在模型中加入劳动力供给和人力资本等因素，使用规模报酬不变的柯布道格拉斯生产函数：

$$Y(t)=AK^{\alpha}(t)H^{\beta}(t)L^{1-\alpha-\beta}(t) \tag{5-13}$$

式中，A 表示技术进步；$K(t)$ 表示物质资本存量；$H(t)$ 表示人力资本存量；$L(t)$ 表示劳动力供给；t 表示时间，仅当生产投入变化时，产出会随时间的推移而变化；α、β 分别是物质资本存量和人力资本存量的弹性系数，其中 $0<\alpha<1$，$0<\beta<1$，且 $0<\alpha+\beta<1$。

对式（5-13）进行人均处理，并令 CP 为少儿人口、OP 为老年人口、L 为劳动力人口、NP 为非劳动力人口，则人口关系式可表示为 $CP+OP=NP$，$CP+OP+L=P$，少儿抚养比可表示为 $chdr=\frac{CP}{L}$，老年抚养比可表示为 $oldr=\frac{OP}{L}$，总抚养比可表示为 $gdr=\frac{NP}{L}$，劳动力人口占比可表示为$\frac{L}{P}=\frac{NP}{gdr}/\left(NP+\frac{NP}{gdr}\right)=\frac{1}{1+gdr}$，进而可得到加入人口结构变化的人均产出水平：

$$y(t)=Ak^{\alpha}(t)h^{\beta}(t)\left(\frac{1}{1+gdr}\right)^{1-\alpha-\beta} \tag{5-14}$$

式中，$y(t)$ 表示人均产出水平；A 表示技术进步；$k(t)$ 表示人均物质资本存量；$h(t)$ 表示单位人力资本存量；$\frac{1}{1+gdr}$表示劳动力人口占比；t 表示时间，仅当生产投入变化时，产出才会随时间的推移而变化；α、β 分别表示物质资本存量和人力资本存量的弹性系数，其中 $0<\alpha<1$，$0<\beta<1$，且 $0<\alpha+\beta<1$。

本章对居民储蓄率与经济增长关系的实证研究采用张懿佼（2017）的做法，即引入误差项的经济增长率：

$$g=\beta_1\ln y+\beta_2\ln s+\beta_3\ln(n+\delta)+\beta_4\ln gdr+\varepsilon \tag{5-15}$$

结合经济增长的具体情况，设定实证模型为

$$gdpp_{i,t}=\beta_0+\beta_1 sav_{i,t}+\beta_2 sav^2_{i,t}+\beta_3 vcor_{i,t}+\beta_4 gdr_{i,t}+\beta_5 nprd_{i,t}+\beta_6 fic_{i,t}+\beta_7 exp_{i,t}+\varepsilon_{i,t} \quad (5-16)$$

5.3.2 实证分析

前文通过使用微观家庭数据进行实证分析探究了居民储蓄率的影响因素及具体的影响机制，并从人口年龄结构和性别结构两个方面得出结论：居民家庭人口年龄结构和性别结构对居民储蓄率有重要影响，且存在显著的城乡差异。这一部分在前文的基础上研究由于人口结构变化带来的居民储蓄率变动对经济增长的影响。

5.3.2.1 资料来源及变量说明

本书选用1995—2013年我国31个省份的面板数据进行实证分析，用到的指标有经济增长率、家庭储蓄率、家庭储蓄率的平方项、资本产出比、人口抚养负担、人口自然增长率、资本折旧率、财政支出总额、进出口总额，见表5-17。

表5-17 经济增长各指标的含义

变量	含义
prov	全国31个省份
year	1998—2013年
gdpp	GDP增长率
sav	家庭储蓄率
sav^2	家庭储蓄率的平方项
vcor	资本产出比
gdr	人口抚养负担
nprd	人口自然增长率+资本折旧率
fic	财政支出总额
exp	进出口总额

经济增长率（*gdpp*），使用 GDP 增长率，以上一年为基年，减去 100 平减后的实际增长率。

家庭储蓄率（*sav*），历年的统计年鉴中并未直接给出，且该指标在不同的研究中计算方法和结论不尽相同，至今仍未得到较一致的结论。本书的计算参考多数文献中的计算方法，使用居民可支配收入与最终消费的差额和可支配收入的比值。居民可支配收入和最终消费可从统计年鉴中获得，但由于分省的可支配收入和人均最终消费指标统计年鉴中是按城镇和农村分别统计的，因此本书用城镇人均可支配收入乘以当年年末城镇人口数加上农村人均纯收入乘以当年年末农村人口数作为全省的居民可支配收入，最终消费按照同样的方法，用城镇居民人均最终消费乘以当年年末城镇居民人口数加上农村居民人均最终消费乘以当年年末农村居民人口数作为全省的居民最终消费，将二者作差之后与居民可支配收入的比值即为家庭储蓄率。

储蓄率的平方项（sav^2），即取家庭储蓄率的平方数。

资本产出比（*vcor*）即资本存量与产出的比值，产出选用各年的 GDP 数值，各省的资本存量获取要复杂一些，很多文献对此也作过相应的估算，估算方法不唯一。为了便于计算，本书采用其他文献中常用的永续盘存法进行估算，在估算中做了一些简化处理，用统计年鉴中固定资产投资总额作为资本存量的代理变量。资本折旧率也是需要测算的指标，通过对相应文献进行梳理，在应用中该指标多被设定为固定值，一般取 0.05，为了简便起见，本书的资本折旧率也定为 0.05。关于投资价格指数，没有正式的官方统计数据，一般用相应的指数来替代。理论上产出也需要进行指数处理，由于资本产出比是资本存量与产出的比值，指数可以互相约分，本书的计算做了简化处理，用资本存量与产出的比值作为资本产出比。

人口抚养负担（*gdr*），取统计年鉴中各年对应的 0~14 岁少儿人口和

65 岁及以上老人与 *15~64* 岁劳动力人口的比值。其中，2000 年、2010 年为人口普查数，其余年份为抽样数。鉴于 2000 年、2010 年的普查数与其余年份差异巨大，对这两个年份数据取其上下年份的均值。

人口自然增长率+资本折旧率（*nprd*）中的人口自然增长率为历年人口自然增长率，资本折旧率的计算方法较复杂，且没有官方数据，各种计算方法得到的结果相差较大，且多为固定值。本书采用陈昌兵（2012）利用生产函数方法估计的资本折旧率。

财政支出总额（*fic*）为各省相应年份的财政支出总额，单位为亿元。

进出口总额（*exp*）为各省相应年份的进出口总额，单位为亿美元。

以上指标涉及金额的均进行了对数处理。

样本总体情况见表 5-18。

表 5-18　样本总体情况

变量	样本数	均值	方差	最小值	最大值
prov	496	16	8.953	1	31
year	496	9.500	4.614	2	17
gdpp	496	0.115	0.0247	0.051	0.238
sav	496	0.256	0.056	0.102	0.441
sav^2	496	0.069	0.029	0.011	0.194
vcor	496	2.177	0.775	0.890	4.487
gdr	496	0.393	0.078	0.193	0.645
nprd	496	0.061	0.003	0.053	0.071
fic	496	6.696	1.113	3.786	9.037
exp	496	4.697	1.928	-0.074	9.298

在表 5-18 中，*prov* 表示省份，1~31 分别为统计年鉴中的北京—新疆各省份变量；*year* 为该样本选取的年份变量。为了与前面微观部分的实证保持较一致的时间趋势，这里也选取 1995—2013 年的宏观数据进行实证分析。最早的统计年鉴是 1999 年的，只能获得 1998 年的数据，部分指标有

1995 年的统计数据，部分指标缺失 1995—1998 年的数据，考虑到实证数据的连贯性和完整性，本章将考察的年份延至 1998—2013 年。家庭储蓄率与经济增长实证结果见表 5-19。

表 5-19　家庭储蓄率与经济增长实证结果

	(1)	(2)	(3)	(4)	(5)	(6)	(7)
sav	0.0692** (0.0288)	0.938*** (0.155)	0.666*** (0.132)	0.624*** (0.131)	0.597*** (0.131)	0.636*** (0.130)	0.691*** (0.125)
sav^2		-1.669*** (0.292)	-1.388*** (0.247)	-1.359*** (0.244)	-1.279*** (0.245)	-1.252*** (0.243)	-1.414*** (0.235)
vcor			-0.0187*** (0.00136)	-0.0162*** (0.00151)	-0.0147*** (0.00161)	-0.0195*** (0.00212)	-0.0176*** (0.00207)
gdr				-0.0789*** (0.0220)	-0.0633*** (0.0227)	-0.138*** (0.0313)	-0.125*** (0.0302)
nprd					-1.885** (0.770)	-2.027*** (0.762)	-2.328*** (0.736)
fic						-0.00847*** (0.00246)	-0.0256*** (0.00370)
exp							0.0195*** (0.00323)
常数	0.0969*** (0.00743)	-0.0110 (0.0202)	0.0800*** (0.0183)	0.114*** (0.0204)	0.221*** (0.0480)	0.314*** (0.0547)	0.343*** (0.0529)
样本数	496	496	496	496	496	496	496
R^2	0.012	0.077	0.346	0.363	0.372	0.387	0.433
省份数	31	31	31	31	31	31	31

注：*** 和 ** 分别表示 $p<0.01$ 和 $p<0.05$。括号内为标准误。

5.3.2.2　结果分析

基于省际面板数据的实证结果显示，我国居民储蓄率对经济增长具有显著的正向影响，居民储蓄率每上升 1 个单位，会使经济增长率上升 0.691 个单位。可见，在我国，储蓄率对经济增长具有明显的促进作用。加入居民储蓄率平方项的回归系数显著为负，表明居民储蓄率与经济增长之间可能并非完全线性关系，即居民储蓄率并不是越高越好。结合经济的具体情况来看，当经济增长处于较低水平时，较低的居民储蓄率通过投资间接作用于经济增长，扩大再生产中需要的原材料和固定资产投资不足会成为阻碍经济增长的不利因素。因此，在这一时期，较高的居民储蓄率能带来充裕的资金，在以投资为驱动的经济增长中发挥巨大的作用，这一点与我国的具体情况十分吻合。但当经济增长到一定水平时，靠投资驱动的经济增长模式开始出现疲软，经济增长进入瓶颈期，经济结构的升级转型显得尤为重要。此时，过高的居民储蓄率不仅不能成为经济增长的有效动力，可能还会成为消费升级、经济转型的阻力。居民储蓄率平方项前面系数为负的情况很好地解释了我国经济增长中面临的这一问题。

资本产出比与经济增长的变动方向相反，即在经济加速上升时期，资本产出比的变动呈现出减速的趋势，而在资本产出比加速上升时期，经济增长率却出现下降趋势。家庭人口结构变动带来的抚养负担和经济增长之间存在负向关系，结合前文劳动力人口数与抚养负担的变动情况可知，过高的抚养负担会使家庭用于消费的支出增加，居民储蓄率下降，从而对经济产生不利影响。人口自然增长率与资本折旧率对经济增长表现出负向影响。马尔萨斯人口理论认为，人口增长会带来劳动生产率的下降，以及生态环境的恶化，导致社会总储蓄减少（投资下降），从而不利于经济增长。作为控制变量的财政支出总额和进出口总额对经济增长均有显著影响，作用方向相反。

5.3.2.3 对回归结果的解释

储蓄作为一个国家投资的主要来源，对经济增长起着重要的推动作用。观察世界各主要发达国家和发展中国家的经济发展可以发现，居民储蓄率与经济增长表现出较一致的变动趋势，居民储蓄率高的时期对应着经济的高速增长，居民储蓄率下降的同时，经济也会下滑。在中国，居民储蓄率与经济增长之间具有较强的正相关关系，这与储蓄作为投资的资金来源是分不开的，只有具备充足的储蓄资金，投资所需要的资金才有保障。

居民储蓄率的平方项是否显著为正可以检验居民储蓄率和经济增长之间是否存在线性关系。本章的回归结果显示，加入居民储蓄率的平方项以后，回归系数显著为负，表明居民储蓄率与经济增长之间并非简单的线性关系，可能存在倒“U”形关系，即居民储蓄率与经济增长在不同的发展阶段存在不同的关系。当居民储蓄率低于某个固定水平时，居民储蓄率的上升与经济增长之间存在正向关系，一旦居民储蓄率超过这个固定水平，居民储蓄率的上升就会对经济增长产生阻碍作用。过高的储蓄会造成消费和储蓄结构的失衡，而消费不足是影响经济增长的重要因素。

资本存量的变动源于投资的变动。资本产出比与经济增长率之间的负效应是相对于经济增长率的变化而言的，资本存量的变化相对稳定，也可以说资本形成速度对 GDP 增长率的变化不敏感。当经济增长加速时，资本的形成速度不会与之同步，从而导致资本产出比下降；而当经济增速下降时，资本的形成速度也不会随之下降，致使资本产出比上升。

人口抚养负担对经济增长的影响显著为负。按照生命周期理论，人的一生可分为年轻时期、中年时期和老年时期。在年轻时期和老年时期，消费较多、储蓄较少；而在中年时期，储蓄较多、消费较少。因此，抚养比越大，意味着劳动人口占比越小，整个社会的抚养负担越重，无论是从消费升级还是储蓄积累的角度来说，都会对经济增长产生不利影响。人口自然增长率与资本折旧率之和的系数为负，表明人口自然增长率和资本折旧率越高，越会对经济增长产生不利影响。较高的人口自然增长率可以为经济增长提供较充足的劳动力，但与此同时，由于人口基数变大，不利于人均 GDP 的提高。较高的资本折旧率会降低资本折旧的速度和效率，导致经济增长中生产要素的不足，进而带来经济增长率的下降。

5.3.3 实证检验

本章对基于面板数据的回归结果进行了 Hausman 检验，检验结果见图 5-3。

	(b) fe	(B) re	(b-B) Difference	sqrt (diag (V_b-V_B)) S.E.
sav	0.6908452	0.5974251	0.0934201	0.0226018
sav^2	-1.413695	-1.216828	-0.1968676	0.0451807
vcor	-0.0176425	-0.0186496	0.0010071	0.001186
gdr	-0.1250987	-0.0565229	-0.0685758	0.0189951
nprd	-2.328073	-1.191093	-1.136981	0.4785553
fic	-0.0256076	-0.0080171	-0.0175905	0.0028598
exp	0.0195252	0.0045904	0.0149348	0.0028466

— Coefficients —

b=consistent under Ho and Ha; obtained from xtreg
B=inconsistent under Ha, efficient under Ho; obtained from xtreg

Test: Ho: difference in coefficients not systematic

chi2 (7) = (b-B) '[(V_b-V_B) ^ (-1)] (b-B)
= 41.88
Prob>chi2= 0.0000
(V_ b-V_ B is not positive definite)

图 5-3　Hausman 检验结果

检验结果为 Prob>chi2=0.0000，表明拒绝了回归结果为随机效应模型的原假设，因此该面板数据使用固定效应回归的结果是可靠的。

此外，截面数据和时间序列数据中还有可能存在异方差和自相关问题，为了克服这两类问题，本章采用 STATA 中的 xtscc 命令来进行验证，该命令最主要的优点在于当异方差、组间相关以及序列相关的情况未知时，其结果仍然是稳健的。对应的回归结果见表 5-20。

表 5-20　异方差和自相关稳健回归

	(1) 基本模型回归	(2) xtscc 回归	(3) 基本模型滞后一期回归	(4) xtscc 滞后一期回归
sav	0.691*** (0.125)	0.691*** (0.184)	0.354*** (0.124)	0.354** (0.140)
sav^2	-1.414*** (0.235)	-1.414*** (0.381)	-0.737*** (0.236)	-0.737** (0.281)

续表

	（1）基本模型回归	（2）xtscc 回归	（3）基本模型滞后一期回归	（4）xtscc 滞后一期回归
vcor	−0.0176*** (0.00207)	−0.0176*** (0.00262)	−0.0112*** (0.00196)	−0.0112*** (0.00358)
gdr	−0.125*** (0.0302)	−0.125*** (0.0352)	−0.116*** (0.0270)	−0.116*** (0.0235)
nprd	−2.328*** (0.736)	−2.328*** (0.653)	−1.767** (0.693)	−1.767** (0.744)
fic	−0.0256*** (0.00370)	−0.0256*** (0.00875)	−0.0189*** (0.00328)	−0.0189*** (0.00410)
exp	0.0195*** (0.00323)	0.0195*** (0.00613)	0.00839*** (0.00298)	0.00839*** (0.00292)
常数	0.343*** (0.0529)	0.343*** (0.0664)	0.273*** (0.0486)	0.273*** (0.0475)

注：*** 和 ** 分别表示 $p<0.01$ 和 $p<0.05$。括号内为标准误。

由表 5-20 可知，异方差和自相关问题并不严重，所有变量相关系数仍然显著，说明本书采用的基本模型是稳健的。

本节使用我国 31 个省份的省际面板数据来验证基于人口结构的居民储蓄率变动对经济增长的影响。通过实证分析可知，居民储蓄率对经济增长有较强的正向影响，回归系数表明，高居民储蓄率对我国 1998—2013 年的高经济增长具有较强的解释力。对居民储蓄率有重要影响的人口结构对经济增长的影响显著为负。随着我国人口出生率的逐年下降以及老龄化程度的不断加深，劳动力在总人口中的占比逐年下降，人口结构对经济增长的阻碍作用日益凸显。

5.4 实证总结

本书将人口结构分为年龄结构和性别结构，分别讨论二者对居民储蓄率短期影响和长期影响的不同路径，并进一步对人口结构对居民储蓄率的影响进行了分析。

5.4.1 年龄结构

不同年龄的个体在家庭中的收入和消费存在差异。按照生命周期理论，可将人的一生划分为三个阶段，即年轻时期、中年时期和老年时期。年轻时期，没有收入，消费较多；中年时期，收入增加，消费在收入中的占比有所下降，储蓄增加；老年时期，收入逐渐减少，消费在收入中的占比又开始提高，从而带来居民储蓄率的下降。但在实际生活中，由于受到家庭效用和社会各项经济制度的影响，居民储蓄率的变动并非完全符合生命周期理论。本书得出的结论是，人口结构对家庭储蓄率有显著的正向影响。这与 Modigliani 等（2004）、袁志刚等（2000）对居民储蓄率进行研究得出的结论一致。

5.4.2 性别结构

性别比例对家庭储蓄率的影响通过家庭抚养不同性别子女的储蓄率差异来体现。父母会基于家庭的具体情况，对子女有不同的期望。因此，在子女抚养上，不同家庭也会选择不同的策略。一般来说，我国家庭有着较传统的“养儿防老”的观念，父母为了其在老年时期有更好的生活，会努力将子女培养得更优秀，以备将来可以安享晚年，于是在抚育子女方面愿意花钱。在本书选用的样本期间，我国还在实行严格的计划生育政策，一般一个家庭只有一个孩子，在城镇家庭，男孩和女孩具有基本同等的地位，父母对其在养育上的投入也相差不大。因此，城镇家庭中 15 岁以下男孩占比高和女孩占比高的家庭的家庭储蓄率差别不大。农村家庭的情况则完全不同。如果不能“养儿防老”，就需要自己存钱养老，这种观念在农村家庭表现得尤为突出。实证结果表明，农村家庭中 15 岁以下女孩占比高的家庭的家庭储蓄率显著高于男孩占比高的家庭，这一结论充分说明“养儿防老”这一观念在农村根深蒂固。

5.4.3 储蓄率对经济增长的短期影响

储蓄率是影响稳态资本存量的关键因素。储蓄率高，经济运行中的资本存量就大，产出水平就高。较低的储蓄率则对应经济运行中较少的资本存量，相应地，产出水平也较低。但储蓄率对经济增长的影响机制在短期和长期却不尽相同。在短期内，收入水平没有较大变化的情况下，较高的储蓄率意味着对消费品的需求较少。消费需求是社会总有效需求的主要组成部分，过低的消费需求对保持经济的稳定增长是相当不利的。从理论上说，在一定的收入水平下，储蓄与消费之间存在此消彼长的关系，居民储蓄率的急剧上升意味着消费支出的减少，消费品市场上供过于求，从而会造成生产与消费之间的矛盾：一方面，在金融市场中，储蓄的市场份额不断增加，使得社会购买力转化为储蓄，进而形成信贷资金比重的提高和数量的增加；另一方面，产品生产规模缩减，大量储蓄资金转化为投资积压品、滞销品和库存品，会使消费对生产的促进作用减弱，生产与消费之间的矛盾加剧，从而抑制合理的消费，同时也给经济增长带来不利影响。

5.4.4 储蓄率对经济增长的长期影响

从长期来看，储蓄率的上升为投资的增加提供了可能，在其他条件保持不变的情况下，较高的储蓄率会引发较高的投资率。古典经济理论认为，在初始人均资本较低的国家，居民储蓄率的提高会带来消费的减少，但会促进投资的增加，随着时间的推移，更多的投资会带来资本存量的增加，随着资本的积累，产出、消费和投资都会不断增加，最终达到较高的稳态增长水平，促进经济增长。因此，从长期来看，居民储蓄会通过投资被用于扩大再生产，从而带动经济增长。

本书认为，居民储蓄率对经济增长的影响是长期的。第一，短期内较高的居民储蓄率会对消费产生消极影响，导致总需求不足，进而影响经济增长。第二，通过投资和资本存量的增加，厂商有较充足的资金用于扩大再生产，最终会带来产出和消费的增加。因此，居民储蓄率对经济增长的长期影响主要通过投资来实现。

我国目前的居民储蓄率处于明显偏高的水平，居民储蓄率的上升为投资上升提供了可能，在其他条件保持不变的情况下，较高的居民储蓄率会引发较高的投资率。居民储蓄率是经济运行中非常重要的因素，关注居民储蓄率的长短期变化，有利于更好地制定宏观经济政策，调节消费和投资，进而达到促进经济增长的目的。

5.4.5 储蓄率与经济增长更深层次关系的探讨

从本章的实证结果可以得出以下结论：储蓄率对经济增长有明显的促进作用，加入居民储蓄率平方项的系数显著为负则说明居民储蓄率与经济增长之间并非完全线性关系，在不同时期和不同增长阶段，它们的关系有不同的表现。按照新古典增长理论模型，处于平稳增长路径上的人均资本水平有向稳态收敛的趋势，超过稳态水平的人均资本水平也有向稳态收敛的趋势。由此可见，经济增长所需要的储蓄水平并非越高越好，长期经济运行中是否存在合理的储蓄率区间是我们需要深层次思考的问题，也值得更多的学者去探究。

第6章

结论与展望

6.1 结论

本书研究表明，人口结构对居民储蓄率有显著影响。人口结构对居民储蓄率的影响主要是人口年龄结构、性别结构及由人口年龄结构和性别结构引起的消费结构变动引起的。居民储蓄率对经济增长有促进作用，但居民储蓄率并非越高越好。本书主要的结论如下：

第一，人口年龄结构的改变会使家庭的收入、消费支出发生变化，进而对居民储蓄率产生影响。家庭财富水平在一定时期内是有限的，家庭要根据其财富状况来安排各个成员的消费。有小孩的家庭，需要为孩子的教育和抚育进行储蓄；有老人的家庭，需要为应对养老增加储蓄。如果家庭中既有老人又有小孩，在收入一定的情况下，老人和小孩的消费可能具有替代性。考虑整个家庭的效用水平，小孩的消费可视为投资，而老人的消费则不具备这种特质。用于小孩的消费在某种程度上会挤占用于老人的消费，家庭在进行效用最大化决策时会视具体情况作出不同选择，因此，赡养老人和养育子女都是导致居民储蓄率提高的重要原因。

第二，老人占比对城镇家庭和农村家庭居民储蓄率的影响都显著为正，但对农村家庭的影响明显大于城镇家庭。导致这一结果的原因在于，城镇老人退休后尽管收入水平会下降，但仍有退休金或养老保险可以提供基本的生活保障；而在农村，一旦年老体迈，就意味着丧失了劳动力，基本没有收入来源，加之常年劳作造成身体健康状况欠佳，生病缺乏医保或者只有较少医保，导致农村老人需要更多的储蓄应对日常生活和医疗保健。

第三，子女性别对居民储蓄率的影响表现出明显的城乡差异。城镇家庭15岁以下男孩占比对居民储蓄率的影响大于15岁以下女孩占比，但农村家庭15岁以下男孩占比对居民储蓄率的影响小于15岁以下女孩占比。尽管随着时代的不断发展和进步，“养儿防老”的观念发生了一些微妙的变化，但仍未根除，其在农村仍然根深蒂固。城镇15岁以下男孩占比高的家庭的居民储蓄率高于15岁以下女孩占比高的家庭，二者差异较小；但农村15岁以下女孩占比高的家庭的居民储蓄率明显高于15岁以下男孩占比高的家庭，且农村家庭的居民储蓄率约为城镇家庭的5.6倍。不具备“养儿防老”条件的家庭会通过增加储蓄来养老，这一点表明抚养男孩和存钱养老之间具有替代性，也进一步表明农村家庭存在较强的“养儿防老”观念。虽然城镇家庭和农村家庭15岁以下男孩占比和女孩占比对居民储蓄率的影响均为正，但男孩占比和女孩占比影响的差异表明子女性别结构对居民储蓄率的变动具有非常重要的影响，且在城镇和农村表现出完全相反的变化趋势。

第四，人口年龄结构和性别结构变化对居民储蓄率的影响主要是通过影响居民消费结构来实现的。本书着重对样本期内居民家庭消费支出中居住、交通通信、娱乐教育文化和医疗保健四大类消费支出进行探讨，结果表明，人口年龄结构和性别结构均会对上述四大类消费产生重要影响。但城镇家庭和农村家庭的人口结构对居住和交通通信的影响呈现出较大的差异。随着全社会老年人口的不断增加，家庭作为构成社会整体的有机个体，其老年人口的变动会通过医疗保健支出反映在家庭消费支出上。教育不仅是国家的根本，也是家庭的希望，子女娱乐教育文化支出的变动也会显著影响家庭的消费和储蓄。无论是城镇家庭还是农村家庭，由人口结构变动带来的家庭在医疗保健和娱乐教育文化方面的支出具有高度的一致性。本书关于消费结构与居民储蓄率关系的实证分析表明，人口结构变化对家庭医疗保健支出有显著正向影响，15 岁以下男孩占比和女孩占比与家庭的娱乐教育文化支出也明显正相关。该结果充分证实了人口结构通过影响家庭消费结构对居民储蓄率产生影响的结论。

第五，通过实证分析可得出以下结论：居民储蓄率与经济增长显著正相关，即居民储蓄率的提高对经济增长有明显的推动作用，经济增长较慢的地区，可以考虑从提高居民储蓄率进而促进投资的角度探索经济快速增长的途径。加入居民储蓄率平方项后，其系数显著为负，表明居民储蓄率与经济增长之间并非始终呈线性关系，当居民储蓄率低于某个特定值时，就会促进经济增长，当居民储蓄率高于这一特定值时，就会阻碍经济增长。在经济高速增长的地区，居民储蓄率发挥的作用可能会减弱，需要根据具体经济运行情况制定新的适应当地经济发展的策略。

6.2　对策及建议

针对结论中提出的影响居民储蓄率及经济增长的具体因素，本书提出以下对策与建议。

第一，完善社会保障体系，提升居民安全感。

我国城镇自 1993 年开始实行新型养老保险制度以来，虽然惠及不少家庭，但整体社保支出在全球范围来看是偏低的。发达市场经济国家的社保支出占 GDP 比重为 10%~30%，从人均 GDP 超过 1000 美元、社保支出占 GDP 比重为 10%这一标准来看，我国的社保支出水平仍是较低的。在近 2.8 亿的城镇就业人口中，参保人数不到 2 亿人，占总就业人口的 70%，众多的农村人口几乎与社保基金无缘。国家的社保政策具有向城镇人口倾斜的特点，使占总人口 35%的城镇人口享受着总社保基金的 80%，留给原本就养老困难的农村老人养老的基金少之又少。

世界银行数据显示，2005—2010 年中国居民养老保险参保比例有所上升，这一时期农民工参加养老保险的比例增长了近一倍，但参加养老保险的农民工人数仍然不到农民工总数的1/4，与之形成鲜明对比的是，城镇居民的参保比例高达80%。因此，完善社会保障体系的重点在于，一方面，要不断提升农民工参加养老保险的比例，使养老保险制度不仅覆盖大量城镇居民，还能惠及更多的农民工群体，要将广大农村地区人口纳入社保的保障范畴，使其能够享受国家的政策红利；另一方面，要提高社保的保障金额，缩小城乡社保差距，让农村老人和城镇老人都能老有所依，减轻家庭养老的负担，提升居民的安全感。

第二，加大政府教育投入力度，减少家庭娱乐教育文化支出。

教育兴则国家兴，教育强则国家强。教育不仅是一个家庭的希望，也代表着一个国家的未来。在科教兴国、科技强国的大背景下，教育关乎一个家庭的命运和一个国家的发展。本书实证结果表明，男孩占比和女孩占比均对居民储蓄率有正向影响，同时也表明，抚养子女成本过高是居民储蓄率提高的主要原因。一项各国家庭养育子女成本的调查显示，在中国，一个普通家庭养育小孩到成年需要花费70万~90万元，高的可能达130万元以上。由于本书选择的样本时间较早，这个费用可能相对低一些，但在这部分花费中，娱乐教育文化支出无疑是最大的一块，这也是子女占比高的家庭居民储蓄率高的主要原因。1999年高等教育改革以来，中国家庭在应对子女娱乐教育文化支出方面需要承担的费用上升了10倍（陈斌开、杨汝岱，2009）。我国教育投入占GDP的比重在1995年为2.41%，2020年增加到4.22%，且不说与发达国家的差距，放在世界范围内来看，也处于较低的水平。教育作为公共物品的属性没有很好地发挥作用，就会造成居民家庭娱乐教育文化支出的负担。加大国家对基础教育的投入能在一定程度上降低家庭在娱乐教育文化支出方面的压力，进一步优化家庭的消费结构，让家庭将更多的钱用于教育之外的领域，从而更好地促使消费结构转型。此外，对居民私人教育投入给予一定扣税和减税政策，也可在一定程度上减轻居民家庭教育投入负担。

第三，加快农村地区经济发展，提高农村居民受教育水平。

“重男轻女”问题由来已久，在带来一系列经济问题的同时，引起的社会问题也不容忽视。在研究中，我们欣喜地发现，和农村家庭储蓄情况不同的是，城镇有男孩的家庭储蓄率虽然高于有女孩的家庭，但是差距在逐步缩小，表明城镇家庭对女孩的重视程度有所提高。农村家庭“重男轻女”的观念依然根深蒂固，存在较大的抚养性别差异。城镇有女孩家庭和有男孩家庭的储蓄率相差较小的原因有两个：一是城镇经济水平的不断提升使居民整体素质有所提高；二是城镇居民普遍受教育程度较高，随着受教育水平的提高，“重男轻女”的观念有了根本性的改变，对男孩和女孩进行差别抚养的现象有所改善。要想从根本上解决由“重男轻女”观念导致的储蓄率差异问题，应该不断加快经济发展速度，提升居民的受教育水平，尤其需要提高农村居民的受教育水平，进而改善男女比例失衡的现状。

第四，保持储蓄率的合理区间，优化经济结构。

高储蓄率会促使经济快速发展，本书的实证有力地证明了这一点。但储蓄率平方项系数显著为负的事实表明，储蓄率并非越高越好，过低的储蓄率不能为投资提供有力的资金支持，过高的储蓄率会带来消费的减少，从而抑制总需求，对经济产生不利影响。因此，让储蓄率维持在一个较合理的区间更有利于经济长期的稳定和增长。世界主要发达国家和经济体的储蓄率在经济高速增长之后大多维持在一个相对稳定的区间，这或许可以成为我国储蓄率未来走向的有益借鉴。

第五，调整经济发展动力，提高劳动生产率。

人口红利被认为是20世纪中国经济高速增长不可或缺的影响因素之一，但随着我国人口结构的变化，人口出生率锐减，老龄化现象加重，我国的人口红利逐渐消失，取而代之的是劳动力人口的逐年下降。劳动力对经济的促进作用通过劳动力数量的增加来实现的时代已经一去不复返了，经济增长中的人口因素将不可避免地通过质量对数量的替代来实现。依靠投资推动的经济在高速增长之后遭遇“瓶颈”，需要对经济发展的动力做出调整，使消费在经济增长中发挥举足轻重的作用。可通过提高劳动者的素质和技能提高劳动生产率，进而促进经济增长。

第六，提高储蓄向投资转化的效率，减少资源浪费。

高居民储蓄率伴随着高经济增长率，由于这一时期有较充足的储蓄作为投资的资金来源，储蓄向投资的转化问题可能还未引起足够的重视。随着经济结构进一步从粗放型向节约型转变，资源的利用效率受到越来越多的关注。应加快经济结构转型，提高储蓄向投资转化的效率，减少资源浪费，让资金发挥更大的作用，为经济增长注入活力。

6.3 研究存在的不足

第一，本书在家庭储蓄率的实证研究中使用微观家庭数据，该数据的时间序列较短、年限间隔较大且不具备连续性。随着客观情况的变化，统计指标和统计口径会发生变化，从而给实证研究带来一定的困难。考虑到数据的可得性，为了使研究顺利进行，有时候不得不放弃一些数据缺失的较好的衡量指标，导致实证结果不如预期。

第二，本书使用的 CHIP 微观家庭数据为非追踪调查数据，不能较好地反映家庭储蓄率变动的连续性，选取的样本虽然有较好的代表性，但样本选择中不可观测的随机性带来的异质性可能对实证结果造成影响。尽管本书的实证进行了相应的异质性处理，但还有进一步完善的可能，而且由于 CHIP 数据库更新的时间间隔非常长，目前只能获取截至 2013 年的官方数据，使得该研究样本的时效性有待提升。

第三，本书基于宏观面板数据对储蓄率与经济增长的关系进行研究，证实了前文的假说，但有待结合更详尽的分省份的城镇和农村数据做进一步探讨。

第四，由于研究视角和研究方法上的局限，本书的研究结论还有进一步拓展的空间。

6.4　展望

第一，由于本书所使用微观调查数据存在统计指标和统计口径的变动，为实证研究带来了一定的困难，考虑数据的可得性和确保研究顺利进行，在指标选取时放弃了一些暂时看来不太适合的指标。随着微观数据的不断完善及统计手段的更新，可尝试优化指标后再进行分析，对已有研究进行一定的补充和完善。

第二，研究可能的拓展方向：本书更多地关注家庭内部成员间的消费和储蓄分配情况，可以尝试结合家庭外部的影响因素来综合探讨影响居民储蓄率的因素；另外，本书的研究与少数使用微观家庭调查数据及使用省际宏观数据得到的居民储蓄率和家庭中老人占比之间关系的结论基本一致，即65岁及以上老人占比高的家庭居民储蓄率较高，但按照生命周期理论，丧失劳动力之后老人的储蓄水平应该下降，因此，随着预期寿命的不断增加，老人占比高与居民储蓄率之间是否存在倒“U”形的关系，还需要更多的学者去研究和验证。

第三，本书关于居民储蓄率与经济增长之间关系的结论表明居民储蓄率对经济增长具有显著的正向影响，但加入平方项的居民储蓄率系数显著为负表明居民储蓄率与经济增长之间并非简单的线性关系，因此，在经济的长期运行中是否存在最优居民储蓄率，是一个需要更多学者去探讨的问题。

参 考 文 献

[1] 艾春荣，汪伟．习惯偏好下的中国居民消费过度敏感性：基于1995—2005省际动态面板数据的分析 [J]．数量经济技术经济研究，2008，25（11）：98-114.

[2] 蔡昉．人口因素如何影响中国未来经济增长 [J]．科学发展，2013（6）：101-113.

[3] 蔡昉．从人口学视角论中国经济减速问题 [J]．中国市场，2013（7）：12-16.

[4] 蔡昉．人口红利与中国经济可持续增长 [J]．甘肃社会科学，2013（1）：1-4.

[5] 蔡昉．中国人口与可持续发展 [J]．中国科学院院刊，2012，27（3）：314-319.

[6] 蔡昉．关于中国人口及相关问题的若干认识误区 [J]．国际经济评论，2010（6）：81-94.

[7] 蔡昉．人口转变、人口红利与刘易斯转折点 [J]．经济研究，2010，45（4）：4-13.

[8] 蔡昉，陆旸．以潜在增长率确定中国经济增长速度目标 [J]．China Economist，2015，10（2）：6-21.

[9] 蔡昉，陆旸．中国经济的潜在增长率 [J]．经济研究参考，2013（24）：10-11.

[10] 蔡昉，王德文．中国经济增长可持续性与劳动贡献 [J]．经济研究，1999（10）：62-68.

[11] 蔡昉，王美艳．中国人力资本现状管窥：人口红利消失后如何

开发增长新源泉［J］. 人民论坛·学术前沿，2012（4）：56-65，71.

［12］蔡昉，王美艳. 中国面对的收入差距现实与中等收入陷阱风险［J］. 中国人民大学学报，2014，28（3）：2-7.

［13］陈安平，李勋来. 就业与经济增长关系的经验研究［J］. 经济科学，2004，26（1）：30-34.

［14］陈彬. 从PMI数据看结构性周期性失业问题［J］. 中国物价，2017（5）：24-26.

［15］陈斌开，杨汝岱. 土地供给、住房价格与中国城镇居民储蓄，经济研究［J］. 2013，48（1）：110-122.

［16］陈崇，葛扬. 房地产价格波动的储蓄效应研究：1997—2008：基于省际面板数据的实证检验［J］. 产业经济研究，2011（3）：72-78.

［17］陈传书. 加强老龄工作 发展老龄事业［J］. 求是，2010（16）：48-49.

［18］陈贵富. 教育水平与中国家庭储蓄率［J］. 厦门大学学报，2015（2）：60-72.

［19］陈少敏，于雪. 储蓄率和投资率的国际比较分析［J］. 上海金融，2019（3）：34-42.

［20］陈社英，陈潭，黄金. 21世纪的中国与老龄化：研究与实践的挑战［J］. 人口与发展，2011，17（2）：20-32.

［21］陈彦斌，邱哲圣. 高房价如何影响居民储蓄率和财产不平等［J］. 经济研究，2011（10）：25-38.

［22］陈桢. 经济增长与就业增长关系的实证分析［J］. 经济学家，2008（2）：90-95.

［23］丁海云. 中国经济增长的最优储蓄率研究［J］. 时代金融（下旬），2014（5）：10-11.

［24］董丽霞，赵文哲. 人口结构与储蓄率：基于内生人口结构的研

究［J］. 金融研究，2011（3）：1-14.

［25］杜清源，魏尚进. 大国的竞争性储蓄与经常账户［J］. 经济学报，2014（2）：72-86.

［26］范叙春，朱保华. 预期寿命增长、年龄结构改变与我国国民储蓄率［J］. 人口研究，2012（4）：18-28.

［27］高建昆. 中国人口转变与人口红利分析［J］. 当代经济研究，2012（4）：58-64.

［28］何帆，唐岳华. 中国三部门储蓄与投资相关性的经验分析［J］. 财经问题研究，2007（11）：5-11.

［29］贺菊煌. 人口变动对经济的影响［J］. 数量经济技术经济研究，2003（12）：41-46.

［30］贺菊煌. 人口红利有多大［J］. 数量经济技术经济研究，2006，23（7）：24-35.

［31］胡颖，齐旭光. 中国社会保险与居民储蓄关系的实证研究［J］. 广东商学院学报，2012（3）：41-47.

［32］胡鞍钢，刘生龙，马振国. 人口老龄化、人口增长与经济增长：来自中国省际面板数据的实证证据［J］. 人口研究，2012，36（3）：14-26.

［33］胡翠，许召元. 人口老龄化对储蓄率影响的实证研究：来自中国家庭的数据［J］. 经济学（季刊），2014，13（4）：1345-1364.

［34］胡雅琴. 储蓄率、投资率与经济增长之间的动态相关性研究：基于中国1978—2004年间的数据分析［J］. 中南财经政法大学研究生学报，2006（5）：37-41.

［35］黄莹. 中国社会养老保险制度转轨的经济学分析：基于储蓄和经济增长的研究视角［J］. 中国经济问题，2009（3）：38-43.

［36］贾非，王士香. 老龄化背景下储蓄率与经济增长关系研究：基

于古典增长模型的分析［J］. 税务与经济，2018（5）：41-47.

［37］简永军，周继忠. 人口老龄化、推迟退休年龄对资本流动的影响［J］. 国际金融研究，2011（2）：4-13.

［38］康建平，任健，张波. 人口结构变化对我国居民储蓄率的影响分析：基于刘易斯拐点理论［J］. 西部金融，2016（9）：6.

［39］李超，罗润东. 老龄化、预防动机与家庭储蓄率：对中国第二次人口红利的实证研究［J］. 人口与经济，2018（2）：104-113.

［40］李大悦. 人口老龄化、储蓄率与经济增长：基于中国数据的实证研究［J］. 泰山学院学报，2017（6）：65-72.

［41］李金永. 中国经济增长过程中的高储蓄率问题研究［J］. 时代经贸（学术版），2008，6（30）：96-97.

［42］李田，刘加利，施继忠，等. 我国就业人数的数学模型探析及前景预测［J］. 数学的实践与认识，2010，40（15）：28-37.

［43］李学彦，刘霄. 过度储蓄理论与我国的过度储蓄问题［J］. 经济学动态，2006（7）：108-112.

［44］李雪增，朱崇实. 养老保险能否有效降低家庭储蓄：基于中国省际动态面板数据的实证研究［J］. 厦门大学学报（哲学社会科学版），2011（3）：24-31.

［45］李扬，殷剑峰. 劳动力转移过程中的高储蓄、高投资和中国经济增长［J］. 经济研究，2005（2）：4-15，25.

［46］李月. 中国城乡经济增长与消费的差异性分析：1978—2008［J］. 经济科学，2015，32（2）：42-54.

［47］李伟. 教育程度对消费水平的影响：以农村居民消费为例［J］. 商业经济研究，2015（22）：33-35.

［48］厉以宁. 中国宏观经济的实证分析［M］. 北京：北京大学出版社，1992.

［49］刘华，陆炳静．城乡差异视角下人口年龄结构对居民储蓄率的影响研究［J］．商业经济研究，2015（20）：67-70.

［50］刘铠豪，刘渝琳．破解中国高储蓄率之谜：来自人口年龄结构变化的解释［J］．人口与经济，2015（3）：43-56.

［51］刘金全，郭整风．我国居民储蓄率与经济增长之间的关系研究［J］．中国软科学，2002（2）：24-27.

［52］刘文．人口老龄化的全球发展趋势［J］．劳动经济评论，2015（1）：84-106.

［53］刘亚娟．国内近年来劳动就业景气指数的研究综述［J］．现代经济信息，2018（23）：43-46.

［54］芦东．人口结构、经济增长与中国居民储蓄率：基于迭代模型（OLG）和省级面板数据的实证研究［J］．上海金融，2011（1）：10-15.

［55］陆旸．中国劳动力供给潜力的微观机制分析［J］．北京工业大学学报（社会科学版），2019（5）：51-60.

［56］陆旸，蔡昉．从人口红利到改革红利：基于中国潜在增长率的模拟［J］．世界经济，2016，39（1）：3-23.

［57］陆旸，蔡昉．人口结构变化对潜在增长率的影响：中国和日本的比较［J］．世界经济，2014（1）：5-31.

［58］罗孝玲，杨立，杨怀东．基于 MS-VAR 模型的就业影响因素非线性估计［J］．统计与决策，2011（15）：70-74.

［59］麦克马洪．教育的消费性收益［M］．闵维方，等译．北京：高等教育出版社，2000.

［60］马琳．经济转型下的中国居民储蓄率研究［J］．金融发展评论，2018（12）：95-107.

［61］毛毅．老龄化对储蓄和社会养老保障的影响研究［J］．人口与经济，2012（3）：91-99.

［62］倪红福，李善同，何建武．人口结构变化对消费结构及储蓄率的影响分析［J］．人口与发展，2014，20（5）：25-34.

［63］彭浩然，申曙光．现收现付养老保险与经济增长：理论模型与中国经验［J］．世界经济，2007（10）：67-75.

［64］齐红倩，闫海春．人口老龄化抑制中国经济增长了吗？［J］．经济评论，2018，214（6）：30-42.

［65］乔继红，张建平，景祥云，等．人口结构、消费倾向与中国居民储蓄率：基于多模型的组合预测［J］．吉林金融研究，441（10）：5-10.

［66］秦朵．居民消费与收入关系的总量研究［J］．经济研究，1990（7）：46-49.

［67］邱晓华，郑京平，万东华，等．中国经济增长动力及前景分析［J］．经济研究，2006（5）：4-12.

［68］邱晓华．中国经济谨慎乐观的背后［J］．数据，2006（3）：11-14.

［69］施建淮，朱海婷．中国城市居民预防性储蓄及预防性动机强度：1999—2003［J］．经济研究，2004（10）：66-74.

［70］施卫兵．中国居民储蓄率及其影响因素分析［J］．时代金融，2016（21）：361-362.

［71］史晓丹．我国人口老龄化趋势对储蓄率的影响研究［J］．南方经济，2013（7）：56-63.

［72］宋铮．中国居民储蓄行为研究［J］．金融研究，1999（6）：47-51.

［73］孙琳琳，任若恩．中国资本投入和全要素生产率的估算［J］．世界经济，2005（12）：3-13.

［74］孙小惠，姜伟．我国城镇家庭消费结构的影响因素分析［J］．

经济研究参考，2019（13）：87-97.

［75］谭明权．论我国高储蓄率与经济增长率的关系［J］．时代金融，2009（11）：4-6.

［76］唐东波．人口老龄化与居民高储蓄：理论及中国的经验研究［J］．金融论坛，2007，12（9）：3-9.

［77］唐琦，夏庆杰，李实．中国城市居民家庭的消费结构分析：1995—2013［J］．经济研究，2018，53（2）：35-49.

［78］童光荣，高杰．大学生就业指数系统研究［J］．数量经济技术经济研究，2003，20（6）：93-96.

［79］涂心语．人口年龄结构变动对经济增长传导机制的文献综述［J］．上海立信会计金融学院学报，2017（4）：101-115.

［80］万广华，张茵，牛建高．流动性约束、不确定性与中国居民消费［J］．经济研究，2001（11）：35-44

［81］文娟，牛旻昱．投资率与消费率对我国经济增长效率影响实证分析［J］．发展改革理论与实践，2012（3）：44-47.

［82］王帮俊，周勇．居民储蓄与经济增长的关系实证［J］．统计与决策，2004（3）．65-67.

［83］王德文，蔡昉，张学辉．人口转变的储蓄效应和增长效应：论中国增长可持续性的人口因素［J］．人口研究，2004，28（5）：2-11.

［84］王弟海，龚六堂．增长经济中的消费和储蓄：兼论中国高储蓄率的原因［J］．金融研究，2007（12）：1-16.

［85］王丰，安德鲁·梅森，沈可．中国经济转型过程中的人口因素［J］．中国人口科学，2006（3）：2-18.

［86］王麒麟，赖小琼．城乡差异视角下人口年龄结构的储蓄效应［J］．中南财经政法大学学报，2012（1）：66-71.

［87］汪蕾．人口结构变化对经济发展的影响：刘易斯拐点视角下对

桐庐的研究［J］. 经营管理者，2014，(34)：171-173.

［88］汪伟，艾春荣．人口老龄化与中国储蓄率的动态演化［J］. 管理世界，2015（6）：47-62.

［89］汪伟．计划生育政策的储蓄与增长效应：理论与中国的经验分析［J］. 经济研究，2010（10）：63-77.

［90］汪伟．人口老龄化、生育政策调整与中国经济增长［J］. 经济学（季刊），2017（1）：67-96.

［91］汪伟．中国居民储蓄率的决定因素：基于 1995—2005 年省际动态面板数据的分析［J］. 财经研究，2008，34（2）：53-64.

［92］汪伟．储蓄、投资与经济增长之间的动态相关性研究：基于中国 1952—2006 年的数据分析［J］. 南开经济研究，2008（2）：105-125.

［93］汪伟，吴坤．中国城镇家庭储蓄率之谜：基于年龄—时期—组群分解的再考察［J］. 中国工业经济，2019（7）：81-100.

［94］王晓峰，马学礼．老龄化加速期人口因素对日本经济增长的影响：以人口、经济的双重拐点视角［J］. 现代日本经济，2014（5）：1-12.

［95］王宇鹏．人口老龄化对中国城镇居民消费行为的影响研究［J］. 中国人口科学，2011（1）：64-73，112.

［96］王宇鹏，徐升艳．中国人口老龄化对经济增长的影响研究［D］. 南京：南京大学，2011.

［97］肖欢明．我国人口老龄化对经济增长的影响路径分析［J］. 经济问题探索，2014（1）：22-26.

［98］徐大丰．资本产出比的省际差异和资本回报［J］. 经济论坛，2007（2）：6-8.

［99］阎坤，孟艳．促进我国高储蓄率适度降低的探讨［J］. 中央财经大学学报，2008（8）：30-35.

［100］杨汝岱，陈斌开．高等教育改革、预防性储蓄与居民消费行为

[J]. 经济研究，2009（8）：113-124.

[101] 杨汝岱，朱诗娥. 公平与效率不可兼得吗?：基于居民边际消费倾向的研究 [J]. 经济研究，2007（12）：46-58.

[102] 杨思家. 人口年龄结构变化对我国居民储蓄率的影响分析 [J]. 经济问题探索，2013（5）：7-11.

[103] 杨天宇，荣雨菲. 高收入会导致高储蓄率吗：来自中国的证据 [J]. 经济学家，2015（4）：74-81.

[104] 杨宜勇. 中国劳动力市场状况及其国际比较 [J]. 新东方，2001，10（3）：17-25.

[105] 叶祥松，胡剑峰. 储蓄率与经济增长的关系研究：基于中国1978~2008年间的数据分析 [J]. 创新，2010（5）：61-64.

[106] 易行健，王俊海，易君健. 预防性储蓄动机强度的时序变化与地区差异：基于中国农村居民的实证研究 [J]. 经济研究，2008（2）：119-131.

[107] 殷剑峰. 人口拐点、刘易斯拐点和储蓄/投资拐点：关于中国经济前景的讨论 [J]. 金融评论，2012（4）：1-17.

[108] 尹志超，张诚. 女性劳动参与对家庭储蓄率的影响 [J]. 经济研究，2019，54（4）：167-183.

[109] 袁蓓，郭熙保. 人口老龄化对经济增长影响研究述评 [J]. 经济学动态，2009（11）：114-120.

[110] 袁晓玲，郭轶群，雷厉. 消费率与投资率对我国城市化率的影响 [J]. 城市问题，2011（6）：8-13.

[111] 袁志刚，宋铮. 人口年龄结构、养老保险制度与最优储蓄率 [J]. 经济研究，2000（11）：24-32.

[112] 杨洋. 中国人口转变：中国人口红利问题刍议 [J]. 党史博采（理论），2014（7）：41-42.

［113］臧旭恒，张继海．收入分配对中国城镇居民消费需求影响的实证分析［J］．经济理论与经济管理，2005（6）：5-10.

［114］谢勇．中国居民储蓄的分布特征［J］．经济与管理研究，2010（10）：5-11.

［115］张军．改革以来中国的资本形成与经济增长：一些发现及其解释［J］．世界经济文汇，2002（1）：18-31.

［116］张龙，刘金全．我国储蓄率的宏观经济时变效应及最优储蓄率：基于 DSGE 模型的理论模拟与 SV-TVP-FAVAR 模型的实证检验［J］．经济问题探索，2019（1）：23-31.

［117］张士斌．年龄结构、社会保险与城镇居民储蓄：基于分省面板数据的实证研究［J］．中南财经政法大学学报，2009（3）：78-83.

［118］张卫．我国人口年龄结构变化对经济增长的影响分析［D］．大连：东北财经大学，2012.

［119］张学敏，何西宁．受教育程度对居民消费影响研究［J］．教育与经济，2006（3）：1-5.

［120］张应碧，赵韫．我国就业的影响因素及其效应的动态分析［J］．武汉理工大学学报（信息与管理工程版），2010，32（5）：795-798.

［121］郑长德．中国各地区人口结构与储蓄率关系的实证研究［J］．人口与经济，2007（6）：1-4.

［122］郑妍妍，李磊，刘斌．“少子化”“老龄化”对我国城镇家庭消费与产出的影响［J］．人口与经济，2013（6）：19-29.

［123］钟水映，李魁．劳动力抚养负担对居民储蓄率的影响研究［J］．中国人口科学，2009（1）：42-51.

［124］钟宁桦．户籍制度阻碍我国经济结构再平衡［J］．经济学家茶座，2015（4）：6.

［125］周叔莲，俞恒．中国产业结构的现状和调整对策［J］．中国人

民大学学报，1991（4）：65-74.

［126］朱国林，范剑勇，严燕．中国的消费不振与收入分配：理论和数据［J］．经济研究，2002（5）：72-81.

［127］周弘．家庭金融视角下人力资本与家庭消费关系的实证研究：来自 CFPS 的调查［J］．经济经纬，2011（6）：16-20.

［128］AIGNER-WALDER B，DORING T. The effects of population ageing on private consumption：a simulation for Austria based on house- hold data up to 2050［J］. Eurasian Economic Review，2012，2（1）：63-80.

［129］ANDERSSON B. Scandinavian evidence on growth and age structure［J］. Regional Studies，2001，35（5）：377-390.

［130］Ando A，Modigliani F. The "Life-cycle" hypothesis of saving：aggregate implications and test［J］. American Economic Review，1963，53：55-84.

［131］BLOOM D E，CANNING D，MANSFIELD R K，et al. Demographic change，social security systems，and savings［J］. Journal of Monetary Economics，2007，54（1）：92-114.

［132］BLOOM D E，CANNING D，GRAHAM B. Longevity and life-cycle savings［J］. The Scandinavian Journal of Economics，2003，105（3）：319-338.

［133］BLOOM D E，WILLIAMSON J G. Demographic transitions and economic miracles in emerging Asia［J］. The World Bank Economic Review，1998，12（3）：419-455.

［134］CAMPBELL J Y，DEATON A S. Why is consumption so smooth?［J］. Review of Economic Studies，1989，56（3）：357-373.

［135］CARROLL C，OVERLAND J，WEIL D. Saving and growth with habit formation［J］. The American Economic Review，2000，90（3）：

341-355.

[136] CAVALLO E, SANCHEZ G, VALENZUELA P. Gone with the wind: demographic transitions and domestic saving [R]. IDB Working Paper Series, 2016.

[137] CHAMON M D, PRASAD E. Why are saving rates of urban households in China rising [J]. American Economic Journal: Macroeconomics, 2010, 2 (1): 93-130.

[138] DANZIGER S, GAAG J V D, SMOLENSKY E, et al. The life-cycle hypothesis and the consumption behavior of the elderly [J]. Journal of Post Keynesian Economics, 1983, 5 (2): 208-227.

[139] DEATON A, PAXSON C. Intertemporal choice and inequality [J]. Journal of Political Economy, 1994, 102 (3): 437-467.

[140] DEMERY D, DUCK N W. Savings: age profiles in the UK [J]. Journal of Population Economics, 2006, 19 (3): 521-541.

[141] DOPPELHOFER G, MILLER R I, HUANG K X D, et al. Determinants of long-term growth: a bayesian averaging of classical estimates (BACE) approach [J]. American Economic Review, 2004, 94 (4): 813-835.

[142] DUESENBERRY J S. Income saving and the theory of consumer behavior [M]. Harvard University Press, 1992.

[143] FELDSTEIN M, LIEBMAN J. Economic [M]. Chicago: University of Chicago Press, 2002.

[144] FELDSTEIN M. Social security, induced retirement, and aggregate capital accumulation [J]. Journal of Political Economy, 1974, 82 (5): 905-926.

[145] FOUGERE M, MERETTE M. Population ageing and economic growth in seven OECD countries [J]. Economic Modelling, 1999, 16:

411-427.

[146] FRIEDMAN, MILTON. A theory of the consumption function [M]. Princeton University Press, 1957.

[147] ZILIBOTTI F. A Rostovian model of endogenous growth and underdevelopment traps [J]. European Economic Review, 1993, 39 (8): 1569-1602.

[148] HEATON J. The interaction between time-nonseparable preferences and time aggregation [J]. Econometrica, 1993, 61 (2): 353-385.

[149] HIGGINS M. Demography, national savings and international capital flows [J]. International Economic Review, 1998, 39 (2): 343-369.

[150] HORIOKACY. Aging and saving in Asia [J]. Pacific Economic Review, 2010, 15 (1): 46-55.

[151] KELLEY A C, SCHMIDT R M. Saving, dependency and development. [J]. Journal of Population Economics, 1996, 9 (4): 365-386.

[152] KRAAY A. Household saving in China [J]. The World Bank Economic Review, 2000, 14 (3): 545-570.

[153] LEFF N H. Dependency rates and savings rates [J]. The American Economic Review, 1969, 59 (5): 886-896.

[154] LI H B, ZHANG J, ZHANG J S. Effects of longevity and dependency rates on saving and growth: evidence from a panel of cross countries [J]. Journal of Development Economics, 2007, 84 (1): 138-154.

[155] LOAYZA N, SCHMIDT-HEBBEL K, SERVN L. What drives saving across the world [J]. Review of Economics and Statistics, 2000, 82 (2): 165-181.

[156] LORENTZEN P, MCMILLAN J, WACZIARG R. Death and development [J]. Journal of Economic Growth, 2008, 13 (2): 81-124.

[157] MIRER T W. The wealth-age relation among the aged [J]. American

Economic Review, 1979, 69 (3): 435–443.

[158] MODIGLIANI F, CAO S L. The Chinese saving puzzle and the life-cycle hypothesis [J]. Journal of Economic Literature, 2004, 42 (1): 145–170.

[159] PECCHENINO R A, POLLARD P S. Dependent children and aged parents: funding education and social security in an aging economy [J]. Journal of Macroeconomics, 2002, 24 (2): 145–169.

[160] PIERONI L, ARISTEI D. Regional differences in growth rates: a microdata approach [C] //ERSA conference papers. European Regional Science Association, 2006.

[161] RAM R. Dependency rates and aggregate savings: a new international cross-section study [J]. American Economic Review, 1982, 72 (3): 537–544.

[162] REVOREDO C L, MORISSET J P. Savings and education: a life-cycle model applied to a panel of 74 countries [R]. The World Bank, 1995.

[163] ROMER P M. Increasing returns and long-run growth [J]. Journal of Political Economy, 1986, 94 (5): 1002–1037.

[164] SHESHINSKI E. Longevity and aggregate savings [Z]. Centre of the Study of Rationality Discussion Paper, 2006.

[165] WILSON S J. The savings rate debate: does the dependency Hypothesishold for Australia and Canada? [J]. Australian Economic History Review, 2000, 40 (2): 199–218.

[166] YAARI M E. Uncertain lifetime, life insurance and the theory of the consumer [J]. The Review of Economic Studies, 1965, 32 (2): 137–150.

[167] ZHANG J S, ZHANG J, LEE R. Mortality decline and long-run economicgrowth [J]. Journal of Public Economics, 2001, 80 (3): 485–507.

重要术语索引

K

L

M

N

P

Q

R

S

T

W

X

后　记

四年的学习生涯匆匆结束，依稀记得刚入学时见到老师和同学们的情景。博士学习生涯是美好而艰辛的，个中滋味只有自己品尝。

感谢中央财经大学对我的培养。读博期间，我结识了一批学识渊博、理论过硬、科研卓越的良师益友，是他们指引我、鼓舞我、引导我，使我在困难中不屈、在奋进中成长。

感谢导师张铁刚教授对我学习上的悉心指导、生活上无微不至的关怀和工作中耐心的帮助与指点。在博士论文撰写过程中，张教授对论文框架及具体内容安排提出了很多有针对性的建议，使论文得以顺利完成。

在四年的学习生涯中，众多同门是我的坚强后盾。感谢师姐陶敏阳、赵雪婷、杨雯和师兄汪波、吴凯在论文写作过程中给予我细心指导，并提出许多宝贵意见。同门朱明亮和林佳明更是给予我家人般的关怀与照顾，使我渡过了一个又一个学术难关，是他们让我的博士生涯变得丰富和不孤单，感谢他们陪我走过这四年。

2016 级经院的同学们也给了我特别多的帮助和鼓励。班长于明哲热心组织计量经济学考前辅导，为大家答疑解惑，让大家感受到了团队的力量。戚瀚英、周莹两位“90 后”小妹妹时常耐心地辅导我，让我感动备至。我们一起从学院南路转战沙河校区，一起去图书馆、一起吃饭、一起回宿舍……还有怕我们只身在外孤单难熬，节假日邀请我们回家聚餐的茜姐罗茜，喜送懒柿子的刘婷（师叔），中财大亦师亦友的吕荣侠，时刻激励我们不断前行的陈绍贵、张白平两位大哥，学霸伟佳和燕芬，金融大咖文根第，学术达人赵智文，博士妈妈张志颖、崔秀丽，以及可爱的白阳和班长刘梦，在此一并感谢，愿你们前程似锦，未来可期。

本书于2020年新冠肺炎病毒肆虐全球期间完成，在写作过程中，我深切感受到人类面对未知领域的无助、迷茫和困惑。科学研究的意义在于对未知领域的不断探索，本书关于居民储蓄率与经济增长之间关系的探讨是这样，人类攻克新冠肺炎疫情难关亦是如此。希望在所有科研工作者及全体社会成员的共同努力下，人类能够攻克一个又一个科研难关，摘下口罩，以更健康的方式书写下一个百年奋斗史。

韩 琼

2022年11月